CB001112

O Freudismo

Coleção Estudos
Dirigida por J. Guinsburg

Equipe de realização – Tradução: Paulo Bezerra; Revisão: Juliana Cardoso; Sobrecapa: J. Guinsburg, Plínio Martins Filho e T. B. Martins; Produção: Ricardo W. Neves, Sergio Kon e Juliana Sergio.

Mikhail Bakhtin

O FREUDISMO

UM ESBOÇO CRÍTICO

Título do original russo
Freidizm

Dados Internacionais de Catalogação na Publicação (CIP)
(Câmara Brasileira do Livro, SP, Brasil)

Bakhtin, Mikhail Mikhailovitch, 1895-1975.
O freudismo : um esboço crítico / Mikhail Bakhtin ;
[tradução Paulo Bezerra]. – São Paulo : Perspectiva,
2017. – (Estudos ; 169 / dirigida por J. Guinsburg)

Título original: Freidizm.
Bibliografia.
2ª reimpr. da 2ª ed. de 2011
ISBN 978-85-273-0242-5

1. Freud, Sigmund, 1856-1939 – Psicologia 2.
Psicanálise I. Guinsburg, J. II. Título. III. Série.

07-4546 CDD-150.1952

Índices para catálogo sistemático:
1. Psicanálise freudiana : Psicologia 150.1952

2ª edição – 2ª reimpressão
[PPD]

EDITORA PERSPECTIVA LTDA.
Av. Brigadeiro Luís Antônio, 3025
01401-000 São Paulo SP Brasil
Telefax: (011) 3885-8388
www.editoraperspectiva.com.br

2019

Sumário

Freud à Luz de uma Filosofia da Linguagem

O Freudismo é um livro ímpar no conjunto da obra de Mikhail Bakhtin. Assinado por seu discípulo V. N. Volochínov, o que pode sugerir uma obra a quatro mãos, o livro se distingue das outras obras de Bakhtin quer pelo objeto de enfoque, quer pela crítica às vezes radical da obra de Freud. Mas no conjunto da discussão e da análise aflora o núcleo central, a própria medula do pensamento bakhtiniano – o método dialógico, que faz a discussão de um objeto específico sair da especificidade fechada para interagir com um universo muito mais amplo de vozes, valores e conceitos. É isto que permite deslocar o conceito freudiano de inconsciente do enfoque meramente psicanalítico para uma abordagem mais ampla à luz de uma filosofia da linguagem, sob a qual ele interage com outras formas de discurso e ganha a feição de consciência não-oficial.

Publicado em 1927, o livro coincide com a época de maior radicalização ideológica na história da ciência. A essa altura, o pensamento social, psicológico e filosófico na URSS já está profundamente marcado por uma ideologia que condiciona todo o comportamento social do homem exclusivamente à estrutura de classe da sociedade. A ênfase ideológica abrange todos os campos do pensamento, a pertença a uma classe como fator determinante das formas de pensar e agir torna-se axioma, e tudo é definido em função da classe a que o indivíduo está ligado: psicologia de classe, filosofia de classe, arte de classe, política de classe e até fisiologia de classe. Toda essa orquestração obedece a uma única batuta – a ideologia – que tudo contagia e tudo determina.

Liév Vigotski, um dos maiores psicólogos do século XX, que à época em que Bakhtin escreve *O Freudismo* está em franca atividade na construção de uma psicologia de base marxista na URSS, entende a ideologia como estímulos sociais estabelecidos no processo do desenvolvimento histórico e consolidados em forma de normas jurídicas, regras morais, gostos estéticos etc. As normas são totalmente impregnadas pela estrutura social que as gerou e servem como organização de classe da produção. Determinam todo o comportamento do homem, tornando lícito falar de comportamento de classe. Todos os reflexos condicionados do homem são determinados pelas influências do meio. E à medida que, em sua estrutura, o meio social é de classe, é natural que todos os vínculos sejam marcados por esse colorido de classe do meio. Daí vêm termos como psicologia de classe e até fisiologia de classe (*Psicologia Pedagógica*, 1926). Mas Vigotski logo percebe esse quase-reducionismo ideológico e o supera. Para P. P. Blonski (*Ensaio de Psicologia Científica*, 1921), também psicólogo, na sociedade de classes o conceito de homem é um conceito abstrato vazio, e o comportamento social do homem é determinado pelo comportamento da sua classe; todo indivíduo é forçosamente um indivíduo dessa ou daquela classe.

Ao clima de exacerbação ideológica, caldo de cultura propício a toda sorte de reducionismos, soma-se a extrema fragilidade da psicologia russa. Apesar da herança teórica de Ivan Mikháilovitch Siétchenov (1829-1905) que, apoiado no monismo materialista e no determinismo fundara a fisiologia russa e lançara as bases de uma psicologia objetiva determinista, só em 1912 aparece na Rússia a primeira instituição oficial especialmente dedicada a temas psicológicos, quando o professor G. I. Tchelpánov funda o Instituto de Psicologia anexo à Universidade de Moscou. Psicologia na Rússia é atividade exclusiva de alguns acadêmicos, sem nenhuma aplicação prática. Até então, o atendimento psicológico é da competência dos psiquiatras, fato amplamente registrado pela literatura russa, como se vê, por exemplo, no romance *O Duplo* de Dostoievski. A Revolução de Outubro põe na ordem do dia a tarefa de substituir a velha psicologia introspectiva da consciência individual, baseada no idealismo filosófico, e criar, no prazo mais curto possível, uma nova ciência de base objetiva, capaz de responder aos desafios lançados pela nova realidade e dedicar-se à análise de questões práticas de um país arruinado pelas guerras. Como observa o professor Leóntiev, a nova psicologia devia partir da filosofia do materialismo dialético e histórico e converter-se numa psicologia marxista*.

À luz dessas tarefas, surgem três correntes que por largo tempo vão dominar na psicologia soviética: a psicologia do trabalho ou psi-

* Alekséi Nikolaievich Leóntiev, "Artigo de Introdução sobre o Trabalho Criativo de L. S. Vigotski", in L. S. Vigotski, *Teoria e Método em Psicologia*, São Paulo: Martins Fontes, 1996, p. 428.

cotécnica, a reflexologia e a reatologia. A psicotécnica se dedica a estudar a atividade prática dos homens no aspecto aplicado concreto e tem ampla difusão na URSS, com laboratórios instalados em muitas cidades e a preparação de psicotécnicos. Chega-se a fundar uma Sociedade Pan-soviética de psicotécnicos e psicologia aplicada e a editar-se a revista A *Psicotécnica Soviética*. Seus representantes mais conhecidos são S. G. Guellenstein e L. N. Shpilrein. A reflexologia, fundada por Vladimir Mikháilovitch Biékhteriev (1867-1927) ainda antes da Revolução, assume depois desta caráter mais radical; para essa corrente, todos os processos de pensamento se manifestam objetivamente e têm como ponto de partida os reflexos que ocorrem com a participação do cérebro. A reflexologia procura aplicar métodos exclusivamente objetivos, vendo neles um firme ponto de apoio para as conclusões científicas. Para ela, o comportamento é um sistema de reflexos, dos quais se constitui a atividade tanto psíquica quanto social dos homens. A reatologia, fundada por Konstantin Nikoláievitch Korníloy (1879-1957), que iniciou a reconstrução da psicologia russa já na época soviética com base na metodologia marxista, tem como uma de suas metas reformular o conceito de reflexo e ampliá-lo à categoria de reação (resposta), imaginando realizar a síntese das psicologias subjetiva (empírica) e objetiva (reflexologia). Trata-se de uma síntese formal, artificial. A reatologia é uma combinação eclética de princípios marxistas com algumas ideias mecanicistas e energeticistas. Se por um lado compreende a magnitude das tarefas que tem pela frente a nova psicologia e as formula com clareza, por outro é incapaz de confeccionar um programa à altura dessas tarefas, cai no impasse e seu criador a ela renuncia.

O que caracteriza as diversas correntes psicológicas na jovem Rússia soviética é a forte ênfase biológica e fisiológica, decorrente da sua associação imediata com as ciências naturais (biologia, fisiologia, teoria evolucionista), e o empenho de criar uma psicologia como ciência objetiva. Nesse aspecto cabe papel decisivo à doutrina pavloviana da atividade nervosa superior, que influencia todas as correntes. Em linhas gerais, todas essas correntes (cabendo exceção apenas a Pávlov e seus seguidores mais mediatos) são marcadas por uma notória fragilidade teórica e estrutural, o que talvez se possa atribuir à ausência, na Rússia, de uma tradição psicológica consubstanciada em escolas, como acontecia na Europa Ocidental. Essa lacuna terá contribuído para a aceitação acrítica da obra de Freud, que redundou numa quase caricatura da psicanálise, fenômeno observado e criticado por Bakhtin em *O Freudismo*.

A ênfase no caráter de classe e na ideologia, marca registrada da época, atravessa toda a discussão da obra freudiana por Bakhtin. Percebe-se um Bakhtin tentando tensamente firmar posição no debate ideológico da época, usando uma forma sumamente didática de persuasão do leitor para o acerto do seu enfoque e a importância do marxismo como método de análise, discutindo com a filosofia e a psicologia de então – marcadas pelo viés biológico e pela influência ainda forte da tradição subjetivista, que, segundo ele, se manifestam também na psicanálise freudiana –, e assumindo uma posição consentânea com determinados aspectos da ideologia que pouco a pouco vai se firmando como dominante. É assim que ele vê o componente verbal do comportamento humano determinado inteiramente por fatores sociais objetivos, as respostas verbalizadas do homem controladas pelo meio social, as várias formas de discurso como expressão do meio social e não de um indivíduo isolado. Ao criticar o excesso de biologismo na psicanálise freudiana e negar a existência de um indivíduo biológico abstrato, afirma – e sublinha a afirmação – que "o *indivíduo humano só se torna historicamente real e culturalmente produtivo como parte do todo social, na classe e através da classe*". Portanto, é através da classe que o indivíduo se define, pois ele nasce "fazendeiro ou camponês, burguês ou proletário", logo, é um indivíduo histórica e socialmente definido e só a sua localização histórica e social "lhe determina o conteúdo da criação da vida e da cultura". E Bakhtin fecha sua argumentação com uma citação de Marx, endossando a tese de que a essência humana "é o conjunto das relações sociais em sua efetividade". É dessa perspectiva histórico-sociológica, combinada a uma original filosofia da linguagem, que Bakhtin analisa a obra de Freud, apontando-lhe condicionamentos biológicos que às vezes chegam ao reducionismo e vendo-a, ao mesmo tempo, como um grande conglomerado ideológico. Seu ponto de apoio é o marxismo, que considera "o fio condutor com o auxílio do qual podemos adentrar o labirinto da psicanálise", mas é um marxismo a meu ver centrado especificamente em Marx, de quem ele assimila a ideologia como falsa consciência, ao contrário do conceito de ideologia como visão científica de uma classe, formulada por Lênin e transformada posteriormente em axioma. Depois de afirmar que toda a dinâmica psíquica de Freud é dada numa interpretação "ideológica da consciência", que aí "ouvimos apenas a voz parcial da consciência subjetiva", que "o inconsciente é apenas um dos motivos dessa consciência, um dos modos de interpretação ideológica do comportamento", Bakhtin faz uma formulação bem de acordo com o seu método dialógico de raciocínio:

> O que é a consciência de um homem isolado senão a ideologia do seu comportamento? Nesse sentido podemos perfeitamente compará-la à ideologia na própria acepção do termo, ideologia essa que é a expressão da consciência de classe. Mas não se pode tomar como verdade nenhuma ideologia, seja individual ou de classe, nem acreditar nela sob palavra. A ideologia mente para aquele que não é capaz de penetrar no jogo de forças materiais objetivas que se esconde por trás dela.

É a partir dessa concepção de ideologia como falsa consciência que Bakhtin analisa tanto a obra de Freud quanto à sua apropriação canhestra por seus epígonos soviéticos. Sua crítica ao freudismo é às vezes dura, mas nunca foge ao respeito epistêmico que a doutrina merece. Se mostram reducionismos biológicos e anti-historicismo na psicanálise e questiona o complexo de Édipo pelo fato de este partir do passado para explicar o presente, sua visão geral da teoria freudiana é de respeito e reconhecimento do seu real valor, como mostra a passagem seguinte: "O freudismo é uma teoria grandiosa, fundada numa interpretação sumamente ousada e original dos fatos, uma teoria que não cessa de assombrar pelo que tem de surpreendente e paradoxal".

Mas se Bakhtin, apesar de algumas críticas duras e taxativas à psicanálise, dispensa a Freud o respeito que este merece como cientista, o mesmo não ocorre com epígonos russos do mestre de Viena como B. Bikhovski, A. R. Luria, B. D. Fridman e A. B. Zalkind, os quais critica de forma contundente pela interpretação precipitada, mecanicista e caricatural da obra freudiana. Condena nesses pesquisadores o reducionismo biológico, afirmando que os conflitos referidos por Freud no comportamento humano não são fatos biológicos mas fatos objetivamente sociológicos que sofreram uma refração ideológica na interação do homem com o meio. Daí a sua crítica ao emprego indiscriminado do termo reflexo condicionado aplicado ao homem e à sua consciência. À crítica a esse reducionismo ele alia o endosso à tese marxista da origem social do psiquismo, que ele vê fundado "sobre formações socioeconômicas complexas" e ao mesmo tempo necessitando de "material ideológico específico" que se corporifica nas formas de discurso. Portanto, ao criticar os resvalos reducionistas em Freud ou em seus epígonos russos, Bakhtin enfatiza sempre o lado ideológico de tudo. Mas na crítica àqueles autores ele visa mais às deformações da obra de Freud porque no conjunto do livro verifica-se um movimento pendurar em que ele oscila entre a simpatia pelo freudismo e as motivações ideológicas da sua crítica.

Na análise da obra de Freud, Bakhtin revela sua originalidade de pensador e sua excepcional capacidade de antecipar questões essenciais da cultura. Assim acontece com a teoria freudiana do complexo de Édipo, que ele vê sob dois aspectos: um metodológico e um cultural. No aspecto metodológico, sua preocupação é saber até que ponto um método retrospectivo de restabelecimento de experiências emocionais da tenra infância pode ser eficaz na elucidação de comportamentos da fase adulta, na medida em que se interpreta o passado do ponto de vista do presente, correndo-se o risco de perder o nexo entre as fases infantil e adulta, queimando etapas intermediárias. Porque aí se transfere para o passado pré-consciente da criança o conteúdo ideológico e valoral que caracteriza apenas o presente adulto. No aspecto cultural, ele não vê motivo para falar de complexo de

Édipo, pelo menos enquanto repetição do enredo da tragédia de Édipo na vida da criança, porque na interpretação psicanalítica não se verifica exatamente o que dá sentido profundo a essa tragédia que horroriza e comove. Nesse sentido Bakhtin está antecipando em décadas o mesmo argumento desenvolvido por Jean-Pierre Vernant e Pierre Vidal-Naquet contra o complexo de Édipo em *Mito e Tragédia na Grécia Antiga**.

Tudo em Bakhtin é laboratorial, prospectivo, e visto sob o prisma do discurso. Sua interpretação da prática psicanalítica e do conceito freudiano de inconsciente revela um teórico em diálogo permanente com seu objeto de reflexão – o discurso – e em processo de construção de sua própria teoria. Assim, ao analisar a prática psicanalítica, ele mostra que as sessões de psicanálise são uma luta entre paciente e médico, na qual o paciente procura esconder do médico algumas experiências emocionais e acontecimentos de sua vida e lhe impor seu ponto de vista sobre as causas de tais experiências e de sua doença. Isto é muito característico do processo dialógico e vamos encontrar similares em *Problemas da Poética de Dostoievski*, particularmente no capítulo dedicado ao discurso em Dostoievski. A voz do paciente é a voz que reage ao discurso do outro, tenta antecipar-lhe as definições, manter o seu ponto de vista sobre si mesmo; nesse diálogo cruzam-se duas consciências, dois pontos de vista, duas avaliações. O médico também é uma instância do diálogo que procura não só antecipar-se à réplica do outro mas impor o seu ponto de vista de forma mais taxativa. "O médico, por sua vez, procura preservar *sua autoridade de médico*, visa a conseguir revelações do paciente, empenha-se *em fazê-lo aceitar o ponto de vista sobre a doença e seus sintomas*" (grifos meus). Aqui, além do dialogismo como luta e interação eu/outro, surge uma categoria de discurso que Bakhtin só define mais tarde, em 1934-35 (veja-se o ensaio "O Discurso no Romance"**). Trata-se da categoria "discurso autoritário", daquele discurso que se impõe pela autoridade de quem o emite, no caso dado o médico na condição de representante de uma instituição científica – a medicina –, e se nos impõe independentemente de ser interiormente persuasivo ou não: já se apresenta antecipadamente vinculado à autoridade do emissor. Mas, na ótica de Bakhtin, mesmo usando esse "discurso autoritário", o médico não pode fugir à realidade de que a sessão de psicanálise é um pequeno acontecimento social imediato e as enunciações do paciente refletem a dinâmica social da relação entre os dois falantes, traduzindo, assim, a dramaticidade que caracteriza a teoria de Freud. Essa interpretação da sessão de psicanálise deve-se a uma engenhosa teoria do convívio social que Bakhtin desenvolve paralelamente, na qual "nenhum enunciado verbalizado pode ser atribuído exclusiva-

* Trad. Bras., São Paulo, Perspectiva, 1999.
** Em *Questões de Literatura e Estética*, São Paulo: Hucitec, 1988.

mente a quem o enunciou: é produto da interação entre falantes" e, em termos mais amplos, de todo o contexto social da enunciação.

Nessa teoria do convívio social, a ênfase recai naturalmente no ser social como fonte do discurso, naquele *outro* que completa um determinado eu falante que, fora do convívio social, está condenado a um isolamento mudo. Daí a necessidade do *outro*, de interagir com o outro, de completar-se no outro. "Ao tomar consciência de mim mesmo eu tento olhar para mim pelos olhos de outra pessoa". Essa ênfase no outro é o *leitmotiv* de toda a filosofia da linguagem de Bakhtin, da juventude à maturidade. Katerine Clark e Michael Holquist* já o situam em *A Arquitetônica da Responsabilidade*, obra bem anterior a *O Freudismo*, e vamos encontrá-lo retomado em "Para uma Reformulação do o Livro sobre Dostoievski", texto escrito em 1962-1963 e publicado em 1976, que mais tarde integrou o livro *A Estética da Criação Verbal***. Aí Bakhtin retoma o tema da interação eu/outro e lhe dá o acabamento definitivo. Em *O Freudismo*, a ênfase na socialização do "eu" – "Toda motivação do comportamento de um indivíduo [...] é a colocação de si mesmo sob determinada norma social, é, por assim dizer, a socialização de si mesmo e do seu ato" – é um diálogo com os condicionamentos ideológicos da época, que Bakhtin desenvolve de uma perspectiva marxista muito pessoal. É dessa perspectiva que ele articula a interação eu/outro como uma forma de comunicação que redunda na consciência de classe, uma vez que esse "outro" vem a ser o "representante do meu grupo social, da minha classe" e a "*autoconsciência* acaba sempre levando *à consciência de classe*". No texto de 1963 o mesmo tema é aprofundado já sem aqueles condicionamentos ideológicos imediatos, e o resultado é um texto primoroso em matéria de filosofia da linguagem e comunicação. Assim, o tema da interação eu/outro de *O Freudismo* continua em *Problemas da Poética de Dostoievski* e vai até os últimos anos de vida do seu criador.

Bakhtin desenvolve uma sutil modalidade de ideologia sob a denominação de ideologia do cotidiano, que se desmembra em discursos interior e exterior e difere da ideologia oficial, em certo sentido, por apresentar mais sensibilidade e mobilidade. Por essa razão ela é o receptáculo das contradições que, atingido certo limite, acabam implodindo a ideologia oficial. Outra marca da originalidade de Bakhtin como pensador é uma engenhosa visão da dialética como fato da cultura, que abrange todos os campos da vida humana, difere da dialética marxista e engloba a obra de Freud. Trata-se de uma dialética de certas forças materiais reais, ideologicamente refratada e deformada na cabeça do homem.

* Ver Mikhail Bakhtin, tradução de Jacó Guinsburg, São Paulo: Perspectiva, 1998, p. 209-218.

** Não consta na edição brasileira da editora Martins Fontes.

Há no livro uma coisa no mínimo curiosa: a ausência de qualquer referência a Vigotskí. Quando Bakhtin escreve *O Freudismo* Vigotskí já é um psicólogo bastante conhecido e vem desenvolvendo um notável trabalho de construção de uma psicologia de base marxista. Sua leitura de Freud difere completamente da leitura dos psicólogos criticados por Bakhtin e se distingue por aguda criatividade. O capítulo "A Educação Estética", de *Psicologia Pedagógica* (1926)*, revela grandes afinidades com Freud na interpretação da criação artística como sublimação. Entre seu pensamento e o de Bakhtin há grandes afinidades, e algumas críticas que este faz a Freud também estão em Vigotski. Em 1927, ano da publicação do livro *O Freudismo*, Vigotski escreve "O Significado Histórico da Crise da Psicologia", que seria publicado mais tarde mas é produto de debates e aulas públicas proferidas em que ele critica todos os autores criticados por Bakhtin em seu livro e pelos mesmos motivos. São muitos os pontos de vista comuns aos dois. Comentando a transformação que Zalkind faz da psicanálise em reflexologia, Bakhtin escreve: "A falha principal da posição de Zalkind é a seguinte: não se pode reflexologizar outra teoria (como em geral não se pode traduzir uma teoria para a linguagem de outra)". Comentando fato semelhante, Vigotski escreve na obra acima referida: "A primeira tentativa de assimilar a uma escola qualquer os produtos científicos de outra consiste em transferir diretamente as leis, os fatos, as teorias, as ideias, etc. [...]. Geralmente o que resulta é um conglomerado de teorias científicas e fatos embutidos com horrível arbitrariedade dentro dos limites da ideia que os une". A teoria do discurso interior que Bakhtin apresenta em *O Freudismo* e continuará a desenvolver já se encontra em *Psicologia Pedagógica*, será ampliada por Vigotski em *Pensamento e Linguagem*, mais tarde retomada, ampliada e aprofundada por Luria, entre outras obras, *em Linguagem e Consciência* (1979). São muitas as convergências teóricas entre Bakhtin e Vigotski.

O Freudismo chega finalmente ao público brasileiro, trazendo uma contribuição essencial para o conjunto da obra de Bakhtin. Qualquer que seja a leitura que dele se faça, terá ela de levar em conta o contexto científico, social, político e ideológico em que foi escrita.

Para esta tradução consultei as seguintes obras: volume XXIV da Edição Standard das *Obras Psicológicas Completas de Sigmund Freud*, traduzidas do alemão e do inglês sob a direção de Jayme Salomão, editora Imago, Rio de Janeiro. Esse volume reúne os títulos das obras e as categorias do pensamento de Freud; volume XXXIX – *Freud. Pavlov-de* Os Pensadores, Abril Cultural, São Paulo; *Freud: A Trama dos Conceitos*, de Renato Mezan, Perspectiva, São Paulo; *Dicionário de Psicanálise*, de Elisabeth Roudinesco e Michel Pion,

* A sair em tradução nossa pela editora Martins Fontes.

Jorge Zahar, Rio de Janeiro. Após constatar que não há, entre essas obras, uniformidade no emprego dos conceitos criados por Freud, resolvi manter a terminologia usada por Bakhtin, que leu Freud diretamente do alemão.

Devo um agradecimento especial à Miriam Schnaiderman, que me esclareceu questões importantes sobre as categorias do pensamento de Freud.

Paulo Bezerra

Parte I

O Freudismo e as Correntes Atuais do Pensamento em Filosofia e Psicologia

1. O Motivo Ideológico Central do Freudismo

A essência do homem não é algo abstrato, próprio de um indivíduo isolado. É, em sua realidade, o conjunto de todas as relações sociais.

K. Marx

O FREUDISMO E A ATUALIDADE

Em 1893, dois médicos vienenses, Freud e Breuer, publicaram em uma revista especializada de psiquiatria um pequeno artigo[1], "Mecanismo psíquico dos fenômenos histéricos"* (comunicação prévia), em que abordam o novo método de tratamento da histeria por meio da hipnose. Essa "comunicação prévia" foi o embrião a partir do qual se desenvolveu a psicanálise, uma das correntes ideológicas mais populares da Europa atual.

Vindo à luz como um modesto *método psiquiátrico*[2] de base teórica precariamente desenvolvida, no primeiro decênio de sua existência a psicanálise já criava sua própria *teoria psicológica universal*,

1. Esse artigo foi publicado no livro *Der Breuer und Dr. Freud*: Studien über Hystérie, 1. Auflage, 1895. A quarta edição é de 1922.

* Os títulos em português se baseiam na *Edição Standard Brasileira das Obras Psicológicas Completas de Sigmund Freud*, publicada pela editora Imago, Rio de Janeiro, vol. XXIV, 1990. (N. do T.)

2. O método de tratamento da histeria proposto por Freud e Breuer deveria ser apenas um complemento de outros métodos aplicados na medicina.

que trazia um enfoque novo de todos os aspectos da vida psíquica do homem. Em seguida começava o trabalho de aplicação dessa teoria psicológica à explicação dos diversos campos da criação cultural – da arte, da religião, e, por último, dos fenômenos da vida social e política. Assim, a psicanálise elaborou sua *própria filosofia da cultura*. Essas teorias psicológicas e filosóficas universais da psicanálise pouco a pouco foram empanando o núcleo primário e genuinamente psiquiátrico da doutrina[3].

O sucesso da psicanálise nos amplos círculos da intelectualidade europeia começou ainda antes da guerra, mas no pós-guerra, sobretudo nos últimos anos, sua influência foi ganhando proporções inéditas em todos os países da Europa e nos Estados Unidos. Pela amplitude dessa influência nos círculos burgueses e intelectuais, a psicanálise há muito superou grandemente todas as correntes ideológicas de sua atualidade: neste sentido, só a antroposofia (o steinerianismo) pode concorrer com ela. Correntes da moda de envergadura internacional, como foram em sua época o bergsonianismo e o nitzscheanismo, nem nos seus tempos de maior sucesso tiveram um número tão grande de adeptos e "interessados" como o freudismo.

A caminhada relativamente curta e muito difícil (até o primeiro decênio do nosso século) que levou a psicanálise à "conquista da Europa" mostra que não se trata de "moda do dia", fugaz e superficial, como o spenglerianismo, e sim de uma expressão mais profunda de certos aspectos essenciais da realidade burguesa europeia. Por isso, *nenhuma pessoa que deseje compreender em profundidade afeição espiritual da Europa atual pode ignorar a psicanálise: ela se tornou um traço demasiadamente característico e indelével da atualidade*[4].

A que se deve esse sucesso da psicanálise? O que nela atrai o burguês europeu?

Evidentemente, não é o aspecto psiquiátrico, especialmente científico dessa doutrina. Seria ingênuo pensar que todas essas massas de adeptos ardorosos da psicanálise chegaram a ela movidas pelo interesse em questões específicas da psiquiatria ou seguindo veículos

3. Nem todos os psicanalistas concordarão com a nossa afirmação, mas ainda assim ela é correta. Os dois últimos livros de Freud, *Jenseits des Lustprincips*, 1920, e *Das Ich und das Es*, 1923, são de natureza puramente filosófica. No último congresso mundial de psicanálise, em 1922, muitos dos seus participantes manifestaram o temor de que o aspecto especulativo da psicanálise tivesse empanado inteiramente a sua primitiva função terapêutica. Cf. Dr. S. Ferenezi e Dr. Rank, *Etwicklungszzele der Psychoanalyse*, 1924.

4. Pode-se julgar a amplitude do movimento do freudismo pelo fato de que, hoje, existe toda uma organização internacional de freudianos. Em 1924, realizou-se o oitavo congresso de freudianos, que contou com a participação de grupos locais, de Viena, Budapeste, Berlim, Holanda, Zurique, Londres, Nova York, Calcutá e Moscou. Há várias edições periódicas de psicanálise e a Editora International de Psicanálise de Budapeste. Em 1920, abriu-se em Berlim a primeira clínica psicanalítica para doentes mentais pobres.

especiais de divulgação dessa ciência. Não foi nesse caminho que elas cruzaram com o freudismo. Na maioria esmagadora dos casos, Freud foi o primeiro e o último psiquiatra que eles leram, e a *Internationale Zeitschrift für Psychoanalyse* é a primeira e única revista de psiquiatria que eles descobriram. Seria ingênuo pensar que Freud conseguiu conquistar a atenção dos amplos círculos para questões específicas da psiquiatria. É claro que a atração pela psicanálise também não reside no interesse prático pelos êxitos do método terapêutico. Seria absurdo supor que todas essas massas de admiradores de Freud fossem pacientes de clínicas de psiquiatria sequiosos de cura. Não há dúvida de que Freud não conseguiu tocar no âmago do burguês atual com os aspectos especificamente científicos ou estritamente práticos da sua doutrina.

Em qualquer corrente ideológica que não seja patrimônio de um círculo estreito de especialistas, mas abranja amplas e diversas massas de leitores – as quais, evidentemente, não conseguem apreender os detalhes especiais e as nuanças de uma doutrina –, sempre se pode destacar *um motivo central, uma dominante* ideológica de toda uma teoria que determina o êxito de tal corrente. Esse motivo central, convincente e muito eloquente em si mesmo, goza de relativa autonomia em relação ao complexo dispositivo da sua fundamentação científica, inacessível ao amplo público. Por isso podemos destacá-lo na forma simples e rudimentar sem medo de cometer injustiça.

Neste prefácio, antecipando um pouco o que vamos expor, procuramos destacar esse motivo ideológico básico do freudismo e fazer dele uma avaliação prévia. Para tanto, partimos das seguintes considerações.

Antes de introduzir o leitor no labirinto bastante complexo e às vezes envolvente da doutrina psicanalítica, precisamos lhe oferecer uma firme orientação crítica. Para começar, devemos mostrar-lhe quais são as outras correntes filosóficas que dominaram ou dominam as mentes europeias, isto é, em que contexto filosófico ele deve interpretar a psicanálise para que tenha uma noção mais exata da essência ideológica e do valor dessa doutrina. Daí a necessidade de destacar-lhe o motivo ideológico central. Veremos que esse motivo não tem, absolutamente, nada de novo, inserindo-se plenamente na linha mestra de todas as aspirações ideológicas da filosofia burguesa do primeiro quartel do século XX, sendo talvez a sua expressão mais nítida e ousada.

No segundo capítulo, sem pressa de expor a teoria propriamente dita de Freud, tentamos oferecer ao leitor a mesma orientação crítica para a percepção do aspecto puramente psicológico dessa doutrina, pondo-o a par da luta das diferentes correntes na psicologia atual. Com isso, definimos o contexto em que ele deve interpretar e avaliar as afirmações especificamente psicológicas do freudismo.

Depois de armar criticamente o leitor e preparar a perspectiva histórica para a recepção desse fenômeno novo, fazemos, no terceiro capítulo, uma exposição sistemática da psicanálise, já sem interrompê-la com observações críticas. A segunda parte do nosso livro retoma os temas críticos indicados nos dois primeiros capítulos.

O MOTIVO IDEOLÓGICO DO FREUDISMO

Qual é o motivo ideológico central do freudismo?

O destino do homem, todo o conteúdo da sua vida e criação – o conteúdo da sua arte, quando ele é artista; das suas teorias científicas, quando cientista; de seus programas e ações políticas, quando político –, é inteiramente determinado pelos destinos do seu desejo sexual e só por eles. Tudo o mais são apenas sons harmônicos da melodia fundamental e poderosa das pulsões sexuais[5].

Se a consciência do homem lhe sugere outra coisa sobre os motivos e as forças motrizes de sua vida e criação, ela está mentindo. Em Freud, o desenvolvimento do tema central vem sempre acompanhado de uma *crítica da consciência.*

Assim, o essencial no homem não é, de maneira nenhuma, aquilo que determina o seu *lugar e seu papel na história – a classe, a nação, a época histórica a que ele pertence*; essenciais são apenas *o seu sexo e a sua idade*; tudo o mais é mera superestrutura erigida sobre esses elementos. *A consciência do homem, não é determinada pelo seu ser histórico, mas pelo ser biológico*, cujo aspecto fundamental é a *sexualidade.*

É esse o motivo ideológico central do freudismo.

Em sua forma geral ele não é novo nem original. Mas é nova e original a construção dos seus componentes – *os conceitos do sexo e da idade.* Aqui Freud efetivamente conseguiu descobrir uma imensa riqueza e uma diversidade de elementos e matizes novos até então totalmente desprezados pela investigação científica devido à colossal hipocrisia da ciência oficial em todas essas questões relacionadas com a vida sexual do homem. Freud ampliou e desenvolveu de tal forma o conceito de sexualidade que aquelas noções espontâneas que habitualmente vinculamos a esse conceito acabam sendo um cantinho ínfimo no seu imenso território. Isto deve ser lembrado quando se avalia a psicanálise: quando se lhe faz, por exemplo, a habitual censura de "pansexualismo", não se deve perder de vista esse sentido novo e excepcionalmente ampliado do termo "sexual" em Freud.

A psicanálise descobriu muita coisa inesperada também na relação entre sexualidade e idade. A história do desejo sexual do homem começa no momento do seu nascimento, passa por uma longa série

5. O autor salienta apenas o motivo central do freudismo. A exposição subsequente (cap. 3) deixará o leitor convencido de que as doutrinas da existência de processos psíquicos inconscientes da "resistência e do recalque são elementos igualmente inalienáveis do freudismo". Cf. artigo de Freud em *Handwörterb: der Sexualwissenschaften*, 1926, p. 614. (Nota da Redação)

de períodos de coloração original no desenvolvimento e não cabe, absolutamente, no esquema criança ingênua – jovem amadurecido – velho inocente. O enigma das idades do homem, proposto pela esfinge a Édipo, encontrou em Freud uma solução surpreendente e original. Até que ponto ela tem fundamento é outra questão de que trataremos mais tarde. Aqui achamos importante apenas observar que *ambos os componentes do motivo ideológico central do freudismo – o sexo e a idade – foram renovados e enriquecidos com um novo conteúdo.* Por isso o motivo, em si velho, acabou ganhando coloração nova.

O motivo é velho. Repete-se constantemente em todas as épocas de desenvolvimento da humanidade, nas quais se dá a mudança dos grupos e classes sociais que criam a história. É *o leitmotiv das crises e da decadência.*

Quando essa ou aquela classe social está em estágio de desintegração e é forçada a abandonar a arena da história, sua ideologia começa a repetir obsessivamente e a apresentar aos quatro ventos novas variantes para um tema: o homem é antes de tudo um animal, e do ponto de vista dessa "revelação", começa uma nova apreciação de todos os valores do mundo e da história. E, então, se ignora inteiramente a segunda parte da famosa fórmula de Aristóteles ("o homem é um animal social").

A ideologia de tais épocas transfere o centro da gravidade para o organismo biológico isolado, e os três acontecimentos fundamentais de sua vida animal – nascimento, *coitus** e morte – começam, por seu sentido ideológico, a concorrer com os acontecimentos históricos, tornando-se uma espécie de sucedâneo da história.

Destaca-se de forma abstrata o não-social, o não-histórico no homem e o anuncia como medida e critério de todo o social e o histórico. É como se os homens dessas épocas desejassem fugir do clima da história, tornado incômodo e frio para eles, e exilar-se no aconchego orgânico do lado animal da vida.

Assim aconteceu na época da decadência dos Estados gregos, da decadência do Império Romano, na época da desintegração do regime da nobreza feudal antes da grande Revolução Francesa.

O motivo da *onipotência e da sabedoria da natureza* (e acima de tudo da natureza no homem – dos seus desejos biológicos) e da *impotência da futilidade ociosa e inútil da história* ecoa igualmente para nós, ainda que com diferentes nuanças e em diferentes tons emocionais, em fenômenos como o epicurismo, o estoicismo, a literatura da decadência romana (por exemplo, no *Satiricon*, de Petrônio) e a sabedoria cética dos aristocratas franceses dos séculos XVI-XVII. *O medo da história, a supervalorização dos bens da vida privada, parti-*

* Em latim, no original russo. (N. do T.)

cular, o primado do biológico e do sexual no homem – eis os traços gerais de todos esses fenômenos ideológicos.

MOTIVOS CONGÊNERES DA FILOSOFIA ATUAL

E eis que, a partir de pleno final do século XIX, motivos congêneres voltaram a ecoar com nitidez na ideologia europeia. Mais uma vez um organismo biológico abstrato tornou-se personagem central da filosofia burguesa do século XX.

A filosofia do "*conhecimento puro*" (Kant), do "*eu criador*" (Fichte), das "*ideias e do espírito absoluto*" (Hegel), essa filosofia bastante enérgica e, a seu modo, sensata da fase heroica da burguesia (final do século XVIII, primeira metade do século XIX) ainda estava imbuída de um patos histórico e orgânico-burguês. Na segunda metade do século ela foi definhando cada vez mais e estagnou nos esquemas mortos e imóveis da filosofia da escola dos epígonos (dos neokantianos, neo-hegelianos, neofichteanos) e, por último, foi substituída em nossa época pela frouxa e passiva *filosofia da vida, tingida de cores biológicas e psicológicas*, que conjuga aos quatro ventos e com todos os prefixos e sufixos possíveis os verbos "viver", "vivenciar", "erradicar", "habituar-se" etc.[6]

Os termos biológicos de diversos processos orgânicos inundaram literalmente a visão de mundo: passou-se a arranjar para tudo uma metáfora biológica, que anima agradavelmente o objeto congelado no frio do conhecimento puro de Kant.

Quais são os traços básicos dessa nossa filosofia contemporânea?

Todos os pensadores da atualidade, que são heterogêneos e em muitos sentidos divergem entre si, como Bergson, Zimmel, Gomperz, os pragmatistas, Scheler, Driesch, Spengler, todos eles se unem basicamente em torno de três motivos:

1. a vida, biologicamente interpretada, ocupa o centro da teoria *filosófica*. A unidade orgânica isolada é proclamada valor supremo e critério da filosofia;
2. desconfiança na consciência. Tentativa de reduzir ao mínimo o seu papel na criação cultural. Daí a crítica ao kantismo como filosofia da consciência;
3. tentativa de substituir todas as categorias socioeconômicas por categorias psicossubjetivas ou biológicas. *Aspiração a interpretar a história e a cultura diretamente a partir da natureza, evitando a economia.*

6. Cf. H. Rickert, *Filosofia da Vida*, ed. Academia, 1922. No livro há um volume bastante grande de material informativo, mas o ponto de vista do autor – idealista neokantiano – é inadmissível.

Assim, Bergson, que até hoje continua sendo um dos filósofos europeus mais populares, coloca no centro de toda a sua teoria filosófica o conceito de *élan vital* único, tentando deduzir daí todas as formas da criação cultural. As formas superiores de pensamento (em termos precisos, o conhecimento filosófico intuitivo) e a criação artística são congêneres do *instinto*, que exprime da forma mais completa a unidade do fluxo vital. Bergson desdenha o intelecto que cria as ciências positivas, mas deduz as suas formas imediatamente da estrutura biológica do organismo[7].

Georg Zimmel, kantiano em seus primeiros trabalhos, que morreu recentemente, tomou-se um dos expoentes mais badalados das tendências biológicas no século XX. Para ele, *a unidade orgânica fechada da vida* individual é o critério supremo de todos os valores culturais. Só o que pode familiarizar-se com essa unidade autossuficiente tem sentido e importância. Em *A Lei Individual*, uma de suas obras principais, Zimmel procura interpretar a lei ética como lei do desenvolvimento individual da personalidade. Polemizando com Kant, que para a lei ética exigia formas de universalidade (imperativo categórico), Zimmel desenvolve o seu conceito de lei ética individual, que deve regular não a relação entre os homens na sociedade, mas sim a relação de forças e desejos dentro de um organismo fechado e autossuficiente[8].

A tendência biológica assume formas ainda mais grosseiras nos pragmatistas, partidários do recém-falecido William James, pai do pragmatismo. Os pragmatistas procuram reduzir todas as modalidades de criação cultural a processos biológicos de adaptação, utilidade etc.[9].

Uma proximidade original com o freudismo se revela no "patempirismo", sistema filosófico inacabado de Heinrich Gomperz, filósofo vienense compatriota de Freud. Gomperz procura reduzir todas as categorias do pensamento – causalidade, objeto etc. – aos sentimentos, às reações emocionais do organismo humano diante do mundo, o que não faz sem influência do sexólogo vienense Otto Weininger[10].

Encontramos os mesmos motivos, se bem que de forma mais complexa, em Max Scheler, o filósofo alemão mais influente dos nos-

7. A obra filosófica mais importante de Bergson é *a Evolução Criadora*. Há uma tradução para o russo de 1909.

8. Cf. Zimmel, *A Lei Individual*, ed. Logos, 1914. Este trabalho integrou como capítulo o último livro de Zimmel, o *Lebensanschauung* (1919). Cf. sobre Zimmel, ver um pequeno artigo, escrito de posições marxistas pelo professor Svyatlovski e inserido como adendo ao livro de Zimmel *Os Conflitos da Cultura Atual* (Prg. Natchatid znanii –Primeiras Noções, 1923).

9. Cf. W. James, *O Pragmatismo*, tradução russa, ed. Chipóvnik, que é a obra central dessa corrente.

10. A obra principal de Gomperz é *Anschauungslehre*, traduzida para o russo como *Doutrina da Concepção de Mundo*, ed. Chipóvnik. A respeito da influência de Weiininger sobre ele, cf. *Anschauungslehre*, p. 171-175.

sos dias e principal representante da corrente fenomenológica. A luta contra o psicologismo, contra o biologismo primitivo e a pregação do objetivismo associam-se em Scheler a uma profunda descrença na consciência e em suas formas, principalmente com relação aos métodos intuitivos de conhecimento. Familiarizado com Bergson nessa questão, Scheler deduz todas as ciências positivas e empíricas das formas de adaptação do organismo biológico ao mundo[11].

O empenho em subordinar a filosofia às tarefas e aos métodos de uma ciência particular – a biologia – manifesta-se de modo mais coerente nos trabalhos filosóficos de Hans Driesch, famoso biólogo neovitalista, um dos criadores da morfologia experimental e hoje professor catedrático de filosofia. O conceito basilar do seu sistema é a *enteléquia* (termo criado por Aristóteles, que em tradução literal do grego significa "o que tem objetivo em si"). – A *enteléquia* é uma espécie de quintessência da unidade orgânica e da utilidade. Orienta todas as manifestações do organismo, tanto as funções biológicas inferiores quanto a sua atividade cultural superior[12].

Por último, cabe lembrar a tentativa de Spengler – que teve grande repercussão, mas já anda meio esquecida – no sentido de aplicar categorias biológicas à interpretação do processo histórico[13].

Assim, vemos que o motivo biológico central do freudismo não está nada só. Faz coro em uníssono com todos os motivos principais da filosofia burguesa atual. Um medo singular perante a história, a aspiração de encontrar um mundo além de tudo o que é histórico e social, a procura desse mundo exatamente nas profundezas do orgânico penetram todas as teorias da filosofia atual, constituindo-se em sintoma da desintegração e da decadência do mundo burguês.

O "sexual" em Freud é o polo extremo do biologismo em voga, reunindo e condensando numa imagem compacta e picante todos os momentos particulares do anti-historicismo atual.

11. Destacamos entre as obras de Scheler: *Phenomelogie und Théorie der Sympathiegefuhle*, Halle, 1913; *Vom Ewigen im Menschen*, 1920. Não há trabalhos russos sobre Scheler, com exceção do artigo de Bammel, "Max Scheler e o Movimento Operário", em *Sob o Signo de Max*, 7-8,1926. Dedicamos um capítulo especial a Scheler no livro que estamos preparando sob o título *O Pensamento Filosófico do Ocidente Atual*. No primeiro dos livros mencionados, Scheler dedica várias páginas à análise e à apreciação do freudismo.

12. A principal obra de Driesch é *Philosophie des Organischen*, Berlim, I-II, 1909. Há uma nova edição em um volume, de 1921, bastante modificada, *Ordnungslehre* (1926) e *Wirklichkeitslehre* (1924). Em russo foi publicado o livro de Driesch *O Vitalismo, sua História e Sistema* (Moscou, 1915). Entre os trabalhos russos sobre ele, cf. N. I. Kiev, "O Neovitalismo Atual", em *Tcheloviék ipriroda* (O Homem e a Natureza), ed. Lenotgiz, n. 1-2, 1926.

13. O livro dele *Untergang des abendlandes*, v. 1-11, teve a primeira parte do primeiro volume traduzida para o russo com o título *Causalidade e Destino* (ed. Academia, 1924). Cf. uma crítica marxista de Spengler em Diebórin, *A Filosofia e o Marxismo* (col. de artigos), e o artigo "Morte da Europa ou Triunfo do Imperialismo?", ed. GIZ, 1926.

AVALIAÇÃO PRÉVIA

Como devemos tratar o tema central da filosofia dos nossos dias? Tem fundamento a tentativa de deduzir imediatamente toda a criação cultural das raízes biológicas do organismo humano?

Efetivamente, não existe o indivíduo biológico abstrato, aquele indivíduo biológico que se tornou o alfa e o ômega da ideologia atual. Não existe o homem fora da sociedade, consequentemente, fora das condições socioeconômicas objetivas. Trata-se de uma abstração simplória. O *indivíduo humano só se torna historicamente real e culturalmente produtivo como parte do todo social, na classe e através da classe.* Para entrar na história é pouco nascer fisicamente: assim nasce o animal, mas ele não entra na história. É necessário algo como um segundo nascimento, um nascimento *social.* O homem não nasce como um organismo biológico abstrato, mas como fazendeiro ou camponês, burguês ou proletário: isto é o principal. Ele nasce como russo ou francês e, por último, nasce em 1800 ou 1900. Só essa *localização social e histórica do* homem o toma real e lhe determina o conteúdo da criação da vida e da cultura. Todas as tentativas de evitar esse segundo nascimento – o social – e deduzir tudo das premissas biológicas de existência do organismo são irremediáveis e estão condenadas ao fracasso: nenhum ato do homem integral, nenhuma formação ideológica concreta (o pensamento, a imagem artística, até o conteúdo de um sonho) pode ser explicada e entendida sem que se incorporem as condições socioeconômicas. Além do mais, nem as questões específicas da biologia encontrarão solução definitiva sem que se leve plenamente em conta o espaço social do organismo humano em estudo. Porque "a essência humana não é o abstrato inerente ao indivíduo único. É o conjunto das relações sociais em sua efetividade"[14].

14. K. Marx. "Teses contra Feuerbach". (Trad. bras., de José Arthur Giannotti, *Os Pensadores*, vol. XX, Abril Cultural, 1974, p. 58).

2. Duas Tendências da Psicologia Atual

COLOCAÇÃO DO PROBLEMA

Tomamos conhecimento do motivo central da psicanálise e estabelecemos sua íntima semelhança com outras correntes ideológicas da atualidade europeia. *Tal motivo penetra da cabeça aos pés todas as teorias dos psicanalistas* e, evidentemente, também encontra expressão mais nítida e ideologicamente explícita numa original filosofia da cultura. Mas, na teoria psicológica, por trás de um especial dispositivo científico particular, podemos descobrir ainda o mesmo *motivo central* como princípio determinante de todas as concepções dos freudianos a respeito da vida psíquica do homem e das forças nela dominantes.

Ainda assim, existe uma opinião bastante difundida[1] segundo a qual, a despeito de ser falho e inaceitável o motivo ideológico central, há na psicanálise um sadio e valioso germe científico: sua teoria psicológica. Os defensores de semelhante opinião supõem que a doutrina psicológica especial de Freud é perfeitamente compatível com uma concepção filosófica diferente, e responde justamente às reivindicações que o marxismo coloca diante da psicologia científica.

Para entender essa questão antes de expormos a psicanálise, achamos necessário inserir o leitor no círculo das principais tendên-

1. Trata-se do ponto de vista de Bikhovski, Zalking, Fridman, Luria e outros, cuja apologia do freudismo nós analisaremos criticamente no capítulo final deste livro.

cias da psicologia atual, bem como das reivindicações que o enfoque marxista pode apresentar aos fundamentos metodológicos dessa ciência. Atualmente, na Europa Ocidental e aqui na URSS desenvolve-se uma animada luta entre as duas tendências no estudo da vida psíquica do homem e dos animais: a luta entre as psicologias *objetiva e subjetiva*.

Por sua vez, cada uma dessas tendências se divide em várias correntes isoladas. Limitar-nos-emos a mencionar as mais importantes, mas sem abordar as suas diferenças e peculiaridades. Importa-nos apenas a própria diferença essencial entre os enfoques dos objetivistas e subjetivistas.

A variedade moderna mais séria de psicologia subjetiva é a *psicologia experimental* (a escola de Wundt, James e outros, que tem no professor Tchelpánov* o seu maior representante entre nós), e as variedades de psicologia objetiva (a escola de Pávlov[2], Békhteriev[3] e outros) e a chamada *ciência do comportamento* (o behaviorismo), que se desenvolveu especialmente nos EUA (Watson[4] Parmelee[5], Dewey e outros). Na URSS, Blonski** e Kornílov (com sua reatologia)[6] trabalham em linhas similares à do behaviorismo.

Qual é a essência das divergências entre a psicologia subjetiva e a objetiva?

A vida psíquica se apresenta ao homem de duas maneiras:

1. em si mesmo, na experiência interior, o homem observa imediatamente o fluxo de diversas vivências emocionais, concepções, sentimentos, desejos;

2. em outras pessoas e nos animais o homem pode observar apenas expressões externas de vida psíquica em diferentes *respostas* do organismo estranho aos estímulos. Na experiência externa não há,

* Gueorgi Ivánovitch Tchelpánov (1862-1936), psicólogo, filósofo, lógico, professor de psicologia e filosofia da Universidade de Kiev e da Universidade de Moscou. Em filosofia foi adepto do neokantismo e do positivismo. Autor de várias obras, entre as quais se destaca *Introdução à Psicologia Experimental*, Moscou, 1915. Achava que o marxismo podia aplicar-se apenas à psicologia social, nunca à psicologia geral. (N. do T.)

2. I. P. Pávlov, *Uma Experiência de Vinte e Cinco Anos no Estudo Objetivo da Atividade Psíquica Superior dos Animais*, 1926. *Conferências sobre o Funcionamento dos Grandes Hemisférios Cerebrais*, 1927.

3. V. M. Békhteriev, *Fundamentos Gerais de Reflexologia do Homem* (Pgr., 1923, 3ª edição, 1926).

4. J.B. Watson. *Psychology from the Standpoint of a Behaviorist* (*London*, 1919). Existe uma tradução russa lançada pela ed. GIZ em 1926.

5. M. Parmelee, *The Science of Human Behavior*, N. Y., 1921.

** Pável Pietróvitch Blonski (1884-1941), psicólogo e pedagogo, um dos representantes da pedologia. (N. do T.)

6. Kornílov, *Teoria das Reações do Homem*, Moscou, 1921. A segunda edição e da editora Giz de 1927, bem como *Manual de Psicologia, Exposta do Ponto de Vista do Materialismo Dialético*, Moscou, 1926.

evidentemente, nem desejos, nem sentimentos, nem aspirações porque estes não podem ser nem vistos, nem ouvidos, nem apalpados, havendo apenas determinados processos materiais que ocorrem no organismo respondente (isto é, respondente aos estímulos). É claro que o homem pode observar em si mesmo essa linguagem externa material-corpórea da vida psíquica.

Agora se pergunta: que experiência deve ser tomada como base da psicologia científica: a *interna-subjetiva* ou a *externa-objetiva ou*, talvez, alguma combinação definida de dados de ambas as experiências?

A PSICOLOGIA EXPERIMENTAL

É necessário dizer que hoje já não existem defensores sérios da experiência subjetiva pura como o único fundamento da psicologia sem qualquer mescla de dados da experiência externa. Os representantes da modalidade atual de psicologia subjetiva afirmam o seguinte: pode-se tomar como fundamento da psicologia apenas a *observação imediata da* vida psíquica, ou seja, a *introspecção*, mas os dados desta devem ser completados e controlados pela observação externa objetiva. É a esse fim que serve o *experimento*, isto é, o desencadeamento arbitrário de manifestações psíquicas (emoções) em condições externas definidas, criadas pelo experimentador.

Neste caso, esse experimento psicológico acaba tendo uma composição inevitavelmente dual:

1. na primeira parte, toda a *situação física externa*, na qual se verifica a emoção estudada – as condições, o estímulo, a manifestação externa e corpórea do estímulo e da resposta do experimentando –, situa-se no campo da experiência objetiva externa do experimentador. Toda essa parte do experimento é passível de exame pelos métodos da constatação científico-natural exata, de análise e mensuração com o auxílio de instrumentos especiais.

2. na segunda parte do experimento – a própria vivência psíquica –não é dada à experiência externa do experimentador; ademais, em princípio, vai além dos limites de qualquer experiência externa. Essa parte só é dada na experiência interna do próprio experimentando, que é quem comunica ao experimentador os resultados da sua introspecção. É o experimentador quem coloca os dados internos imediatos do experimentando em relação aos dados da sua experiência objetiva externa.

É claro que o centro da gravidade de todo experimento está na sua segunda parte – na subjetiva, isto é, na vivência interior do experimentando; é para ela que se volta a diretriz do experimentador. Essa vivência interior é o que constitui, propriamente, o objeto da psicologia.

Assim, *a última palavra da psicologia experimental cabe à introspecção*. Tudo o mais, todos os instrumentos exatos de mensuração, de que tanto se orgulham os representantes dessa corrente, são apenas uma moldura externa para a introspecção, apenas uma moldura objetiva para o quadro subjetivo-interior, e nada mais.

A PSICOLOGIA OBJETIVA

Surge inevitavelmente a pergunta: será que a "vivência interior" do experimentando não rompe a *unidade e a continuidade da* experiência externa do experimentador? Será que *com esse ponto de vista interior* (porque foi precisamente do ponto de vista interior que o experimentando comunicou as suas vivências) não se introduz algo que não se coaduna com os *dados da experiência externa*, algo que, por princípio, não se presta à análise objetiva e à mensuração?

É justamente o que supõem os representantes da psicologia objetiva. Segundo eles, aplicando o método de introspecção da maneira como admitem os subjetivistas, é impossível construir uma ciência objetiva exata. Ao construir-se uma psicologia científica, é necessário sustentar coerentemente e até o fim o ponto de vista da experiência objetiva externa. A inserção dos dados da introspecção destrói a sua unidade e a sua continuidade. Porque tudo o que pode ter algum significado na vida e na prática deve ser dado como grandeza material externa, deve exprimir-se em alguma mudança puramente material[7].

Essas grandezas puramente materiais são as diferentes *respostas do organismo vivo aos estímulos*. Em seu conjunto, são essas respostas que formam aquilo que chamamos de *comportamento* da vida do homem ou do animal.

Esse comportamento do organismo vivo é dado inteiramente na *experiência objetiva externa*, tudo nele pode ser considerado, medido e colocado na necessária *relação de causa e efeito* com os estímulos externos e as condições do ambiente material. Só esse *comportamento materialmente expresso do homem e dos animais pode ser objeto de uma psicologia que queira ser exata e objetiva*. Assim afirmam os objetivistas.

O experimento psicológico – porque os objetivistas também devem, evidentemente, utilizar o experimento – deve ser, em toda a sua extensão, localizado no mundo exterior, podendo todos os seus momentos serem acessíveis ao experimentador. É absolutamente inadmissível – *na superfície aquática* da experiência material – dispor os

7. Visando a precisão, é necessário observar que quando os behavioristas negam a introspecção como método científico de investigação ainda assim consideram que, diante do estado atual da psicologia como ciência, a introspecção, em alguns casos, deve ser aplicada como o único método de observação a nossa disposição imediata. Cf. Watson, *A Psicologia como Ciência do Comportamento*, p. 38. (N. da R.)

dados também da observação *externa e interna*, como o faz a psicologia subjetiva: é inevitável *obter formações em duplicata* (ou seja, o mesmo fenômeno será dado duas vezes); haverá confusão; a unidade e a harmonia da experiência material externa serão abaladas. De certa forma, a "vivência interior" do experimentando também deve ser traduzida para a linguagem da experiência externa, e só assim ela poderá ser levada em conta pelo experimentador.

A RESPOSTA VERBALIZADA

Na experiência externa, correspondem à vivência interior *as palavras* do orientando, através das quais ele comunica tais vivências. Essa expressão das vivências tem o nome de resposta verbal (ou "relatório verbal" na terminologia dos behavioristas).

A resposta verbal é um fenômeno sumamente complexo. Constitui-se dos seguintes componentes:

1. o fenômeno físico do som das palavras pronunciadas;
2. os processos fisiológicos no sistema nervoso, nos órgãos da pronúncia e da recepção;
3. um grupo especial de fenômenos e processos, que correspondem ao "significado" da palavra e à "compreensão" desse significado por outro (*ou outros*). *Esse grupo não se presta a uma interpretação puramente fisiológica uma vez que os fenômenos a ele relacionados* ultrapassam os limites de um organismo fisiológico isolado, presumindo a interação de vários organismos. *Dessa maneira, esse terceiro componente da resposta verbal tem* caráter sociológico. *A formação de significados verbais requer o estabelecimento de contatos entre espectadores, respostas motoras e auditivas no processo de um convívio social longo e organizado entre os indivíduos. Mas esse grupo também é perfeitamente objetivo: porque todas essas vias e processos que servem à formação de contatos verbais atravessam a experiência externa e, por princípio, são acessíveis aos métodos objetivos, ainda que estes não sejam puramente fisiológicos.*

O complexo dispositivo das respostas verbais funciona nos seus momentos básicos até quando o experimentando não diz nada em voz alta sobre as suas vivências, mas as experimenta "de si para si" porque, se ele toma consciência delas, nele desenvolve-se um processo de *discurso interior* ("latente" – porque nós pensamos, sentimos e queremos com o auxílio das palavras: sem o discurso interior nada toma conscientizar em nós mesmos); esse processo é tão material quanto o discurso exterior[8].

Pois bem, se em vez da "vivência interior" do experimentando colocarmos o seu *equivalente verbal* (o discurso interior ou o exterior) em um experimento psicológico, poderemos manter a unidade e a continuidade da experiência material externa. É assim que os objetivistas entendem o experimento psicológico.

MARXISMO E PSICOLOGIA

São essas as duas correntes da psicologia atual.

Qual dessas correntes melhor corresponde aos fundamentos do materialismo dialético? Sem dúvida a segunda, a corrente objetiva na psicologia: só ela responde às exigências do *monismo materialista*.

O marxismo está longe de negar a realidade do *psíquico-subjetivo*: este existe, evidentemente, mas de modo algum pode ser *separado do fundamento material* do comportamento do organismo. O psíquico é apenas uma das propriedades da matéria orgânica, razão por que é inadmissível colocá-lo em oposição ao físico, enquanto princípio específico de explicação. Ao contrário, estando-se integralmente no terreno da experiência física externa, é necessário mostrar em que espécie de organização e *em que nível de complexidade* da matéria surge essa nova *qualidade do psíquico*, essa nova propriedade da própria matéria. A experiência subjetiva interior não pode fornecer nada para tal fim. Neste sentido, a psicologia objetiva está coberta de razão. Mas o materialismo dialético ainda faz à psicologia mais uma importante reivindicação, e desta nem os objetivistas têm sempre consciência e a cumprem: a psicologia *do homem* deve ser *socializada*.

Será de fato possível compreender o comportamento do homem sem que se incorpore o ponto de vista *sociológico objetivo*? Todos os atos essenciais da vida do homem são motivados por estímulos sociais nas condições do meio social. Se conhecemos apenas o componente físico do estímulo e só de forma abstrata o componente fisiológico da resposta, então ainda entendemos muito pouco os atos humanos.

Por exemplo, as respostas verbais, que desempenham papel tão relevante no comportamento do homem – porque o discurso interior acompanha cada ato consciente dele – não se prestam, como já vimos, ao estudo por métodos puramente fisiológicos, sendo uma manifestação especificamente social do organismo humano.

8. Sobre as respostas verbais, cf. Watson, *Psicologia*, cap. IX; artigo de L. S. Vigotski, "A Consciência como Problema da Psicologia do Comportamento" (cf. col. *A Psicologia e o Marxismo*, direção do prof. L. Kornílov, GIZ, 1925, p. 175).

A formação de respostas verbais só é possível nas condições do meio social. O complexo dispositivo dos contatos verbais se elabora e se põe em prática no processo da comunicação longa, articulada e variada entre as organizações. Evidentemente, a psicologia não pode dispensar os métodos sociológicos objetivos.

Portanto, a psicologia deve estudar *com métodos objetivos o comportamento humano materialmente expresso* nas condições do meio natural e *social*. São essas as reivindicações do marxismo à psicologia.

A QUESTÃO PSICOLÓGICA DO FREUDISMO

Que posição a *psicanálise* ocupa na luta entre as correntes psicológicas da atualidade?

O próprio Freud e os freudianos consideram a sua doutrina a primeira e única tentativa de construção de uma psicologia verdadeiramente objetiva, naturalista. Já mostramos que na bibliografia russa sobre psicologia e filosofia apareceram vários trabalhos que demonstram que a psicanálise tem razão em tais pretensões e, por seu próprio fundamento (é claro, com várias alterações e adendos particulares), é quem melhor responde às reivindicações que o marxismo faz à psicologia[9]. Outros representantes da psicologia objetiva e do marxismo têm outra visão da psicanálise e a consideram inteiramente inaceitável do ponto de vista materialista objetivo[10].

Essa questão é interessante e muito importante.

A psicologia objetiva é uma ciência jovem, ainda em processo de formação. Pode esclarecer melhor *seu ponto de vista* e seus *métodos* por meio de uma crítica ponderada e do combate a outras tendências (sem falar, é claro, do seu trabalho direto com o material concreto do comportamento): isto a ajudará a fortalecer-se *metodologicamente* e a ter consciência mais nítida das suas posições.

Um sério perigo ameaça a psicologia objetiva: cair em um *materialismo mecanicista ingênuo*. Nem de longe esse perigo é tão terrível nos campos das ciências naturais, que estudam a natureza inorgânica. Já é mais sério na biologia; *na psicologia, o materialismo mecanicista simplificado pode desempenhar um papel efetivamente funesto*. Esse

9. Zalkind, *Freudismo e Marxismo* (Freidiz i marksizm) (Ensaios de Cultura da Época Revolucionária); cf. artigo homônimo na revista *Krásnaia*, n. 4, nov., 1924. Do mesmo autor: *Vida do Organismo e Sugestão* (Jizn organizma i vnuchénie), ed. GIZ, 1927, cap. VII, VIII, XVI. B. Bikhovski, "Sobre os Fundamentos Metodológicos da Doutrina Psicanalítica de Freud" em *Sob a Bandeira do Marxismo* (Pod známenem marksizma), n. 12,1923; B. D. Fridman, "As Concepções Psicológicas Básicas de Freud e a Teoria do Materialismo Histórico" em *A Psicologia e o Marxismo*, direção do prof. Kornflov; A. R. Luria, A *Psicanálise como Sistema de Psicologia Monástica* (*Ib.*).

10. V. Iúriniets, "Freudismo e Marxismo" (Freidiz i maksizm) em *Sob a Bandeira do Marxismo*, n. 8-9, 1924, bem como o nosso artigo "Além do Social", revista *Zviezda*, Leningrado, n. 5, 1925.

desvio no sentido de um materialismo primitivo e da extrema simplificação das tarefas da psicologia objetiva é observado nos behavioristas americanos e nos reflexologistas russos.

Quando a psicologia objetiva estiver diante da necessidade de ocupar uma clara posição crítica em face a todas as questões complexas, sumamente importantes, levantadas pela psicanálise, revelar-se-á nitidamente a precariedade e a rudeza dos enfoques fisiológicos simplificados do comportamento humano. Ganhará evidência absoluta a necessidade de aplicação do enfoque *sociológico e dialético* na psicologia. Ocorre que a análise crítica da teoria psicológica de Freud nos levará integralmente à questão específica das respostas verbalizadas e da sua importância no conjunto do comportamento humano, questão essa tão importante e difícil da psicologia do homem.

Veremos que todas as manifestações e conflitos psíquicos, que a psicanálise traz ao nosso conhecimento, são *inter-relações e conflitos complexos entre as respostas verbalizadas e não-verbalizadas do homem*.

Veremos que no interior do próprio campo verbalizado do comportamento humano ocorrem *conflitos* bastante graves *entre os discursos interior e exterior* e entre diferentes camadas do discurso interior. Veremos que, em alguns campos da vida (no sexual, por exemplo), desenvolve-se de modo especialmente difícil e lento a formação de vínculos verbalizados (isto é, o estabelecimento de vínculos entre as respostas visuais, a motoras e outras no processo de comunicação entre os indivíduos, o que é necessário para a formação de respostas verbalizadas). Na linguagem de Freud, tudo isso são conflitos da consciência com o inconsciente[11].

A força de Freud está em haver proposto essas questões com toda acuidade e ter reunido material para a sua análise. Sua fraqueza está em não ter entendido a essência sociológica de todos esses fenômenos e haver tentado metê-los à força nos limites estreitos de um organismo individual e de seu psiquismo. *Ele explica processos essencialmente sociais do ponto de vista da psicologia individual.*

A essa ignorância da sociologia junta-se outra falha radical de Freud: o *subjetivismo do seu método*, se bem que um tanto mascarado (e por isso foi possível a discussão em torno dessa questão). Freud não sustenta coerentemente até o fim o ponto de vista da experiência objetiva externa e enfoca os conflitos do comportamento humano de dentro, isto é, do ponto de vista da introspecção (mas, repetimos, em forma um tanto mascarada). Assim, a interpretação dos fatos e fenômenos por ele observados é inaceitável na própria raiz, e disso tentaremos convencer o leitor.

11. Aliás, o próprio Freud conhece a definição de inconsciente como "não-verbalizado".

Outro problema que se nos coloca com igual agudeza quando empreendemos a análise crítica do freudismo tem estreita relação com o primeiro: estamos falando das respostas verbalizadas. Esta questão diz respeito ao "*conteúdo do psiquismo*": o conteúdo dos pensamentos, desejos, sonhos etc.[12]. *Esse conteúdo do psiquismo é totalmente ideológico: da ideia confusa e do desejo vago e ainda indefinido ao sistema filosófico e à complexa instituição política temos uma série contínua de fenômenos ideológicos e, consequentemente, sociológicos.* Nenhum integrante dessa série, do primeiro ao último, é produto apenas da criação orgânica individual. A ideia mais vaga, uma vez não enunciada, e um complexo movimento filosófico pressupõem igualmente um convívio organizado entre os indivíduos (é verdade que são diferentes as formas e graus de organização desse convívio). Por outro lado, Freud faz toda a série ideológica, do primeiro ao último integrante, desenvolver-se a partir dos elementos mais simples do psiquismo individual, como se estivesse em uma atmosfera socialmente vazia.

Aqui, evidentemente, esboçamos apenas duas questões sumamente importantes em psicologia. Mas achamos importante que o leitor as tenha em vista ao acompanhar a exposição subsequente da psicanálise.

CIÊNCIA E CLASSE

Concluindo este capítulo, devemos enfocar mais uma questão que no início abordamos apenas de passagem.

Das nossas observações preliminares, o leitor já pode perceber que o aspecto psicológico e especificamente científico do freudismo nada tem de neutro em relação à sua posição de classe, que se manifesta com tanta nitidez em seu motivo filosófico central.

Essa é uma questão com a qual todos estão de acordo. Muitos supõem que as questões das ciências particulares podem e devem ser colocadas independentemente da *concepção geral de mundo*. Na atual discussão sobre o objeto e os métodos em psicologia, alguns cientistas lançaram a tese da *neutralidade científica das ciências particulares – e entre elas a psicologia – nas questões da ideologia e da orientação social.*

Achamos que essa neutralidade de uma ciência particular é inteiramente fictícia: é impossível tanto por considerações *lógicas* quanto *sociológicas*.

De fato, só se não pensarmos integralmente em alguma teoria científica podemos omitir a sua necessária relação com as questões

12. Em termos rigorosos, trata-se de outro aspecto do mesmo problema, uma vez que tomamos consciência do conteúdo do psiquismo mediante o discurso interior.

fundamentais da concepção de mundo; se a pensamos de forma coerente, essa teoria fornece inevitavelmente uma orientação filosófica geral.

Assim, em seu desenvolvimento lógico, a psicologia subjetiva, em todas as suas modalidades, leva inevitavelmente ou ao dualismo, isto é, à *desintegração* do ser em dois aspectos desconexos – o físico e o espiritual – ou a um monismo puramente *idealista*. Aquele fragmento do "vivido de dentro para fora", que pelo visto é totalmente invisível e que, como já vimos, estilhaça a unidade do curso objetivo-material de um experimento em laboratório, pode servir perfeitamente como ponto de apoio de Arquimedes para a desintegração do quadro objetivo-material do mundo em seu conjunto.

A neutralidade científica também é impossível em termos sociológicos. Ora, não se pode acreditar nem na mais *impecável sinceridade subjetiva* das concepções humanas. O interesse de classe e a ideia preconcebida são uma categoria *objetivamente* sociológica, que nem de longe é sempre conscientizada pelo psiquismo *individual*. Mas é justamente nesse interesse *de classe* que reside toda teoria, todo pensamento. Porque se o pensamento é forte, seguro e significativo, tudo indica que será capaz de tocar certos aspectos essenciais da vida de um determinado grupo social, de ligar-se à posição central desse grupo na *luta de classes*, ainda que o faça de modo inteiramente inconsciente para o seu criador. *A força da realidade*, da importância *das ideias, é diretamente proporcional ao seu fundamento de classe, à possibilidade de sua fecundação pelo ser econômico-social de um grupo.* Lembremos que as respostas verbalizadas são uma formação genuinamente social. Todos os outros elementos *constantes* dessas respostas são elementos de uma consciência precisamente *de classe* e não de uma consciência *individual*.

O pensamento humano nunca reflete apenas o ser de um objeto que procura conhecer; com este, ele reflete também o ser do sujeito cognoscente, o seu ser social concreto. O pensamento é um espelho duplo, e ambas as faces podem e devem ser nítidas e desempanadas. É assim que nós tentamos interpretar o pensamento de Freud.

A esta altura estamos suficientemente a par das principais correntes tanto da filosofia quanto da psicologia da atualidade e conhecemos também o critério marxista. Agora temos em mãos o fio condutor com auxílio do qual podemos adentrar no labirinto da psicanálise.

Parte II

Exposição do Freudismo

3. O Inconsciente e a Dinâmica Psíquica

CONSCIÊNCIA E INCONSCIENTE

Segundo Freud, o psiquismo humano se divide em três campos: *a consciência, o inconsciente e o pré-consciente.* Esses três campos ou sistemas do psíquico estão em permanente interação; os dois primeiros, em estado de luta permanente entre si. A essa interação e a essa luta se resume a vida psíquica do homem. Cada ato psíquico e cada ato humano devem ser vistos como resultado da competição e luta da consciência com o inconsciente como índice da correlação de forças estabelecida em dado momento entre esses três campos continuamente em luta.

Se dermos ouvidos apenas ao que a consciência nos fala da nossa vida psíquica, nunca a entenderemos: em luta contínua com o inconsciente, a consciência é sempre tendenciosa. Ela nos fornece dados notoriamente falsos sobre si mesma e a vida psíquica em seu conjunto. Por outro lado, a psicologia sempre construiu as suas teses com base em dados da consciência, e a maioria dos psicólogos simplesmente tem identificado o psíquico com o consciente. Os poucos que, como Lipps ou Charcot e a sua escola, levaram em conta o inconsciente, subestimaram inteiramente o seu papel no psiquismo. Conceberam-no como algo estável, como um apêndice da vida psíquica definitivamente pronto, permanecendo oculta para eles a luta contínua do inconsciente com a consciência. Segundo Freud, como consequência dessa identificação do psíquico com a consciência, a velha psicologia nos desenhou um quadro inteiramente falso da nossa vida psíquica, uma vez que a *massa essencial* do psíquico e os seus principais *centros de força* recaem precisamente no campo do inconsciente.

A ênfase do freudismo é a ênfase da descoberta de todo um universo, de um continente novo e inexplorado além da cultura e da história mas, ao mesmo tempo, de um continente *inusitadamente íntimo de nós*, pronto a cada instante para irromper no manto da consciência e a refletir-se em nossa palavra, em algum lapso involuntário, em um gesto, em um ato.

Essa proximidade do inconsciente, essa leveza da sua penetração no fenômeno mais prosaico da vida, no âmago do dia-a-dia, é uma das peculiaridades fundamentais da teoria de Freud, que a distingue das doutrinas de "filósofos do inconsciente" de alto estilo como Schopenhauer e especialmente Edward Hartman.

TRÊS PERÍODOS NA EVOLUÇÃO DO FREUDISMO

Essa concepção de inconsciente não se formou e se definiu de chofre em Freud, sendo posteriormente objeto de mudanças substanciais. Distinguimos três períodos na história da sua evolução.

No primeiro período (o chamado período Freud-Breuer), a concepção freudiana de inconsciente era familiar à doutrina dos famosos psiquiatras e psicólogos franceses Charcot, Líebault, Bernheim e Janet, em relação à qual ela se encontrava em dependência direta (Freud foi aluno de Charcot e Bernheim).

São aproximados os limites cronológicos do primeiro período – 1890-1897.o livro único e fundamental de Freud e Breuer desse período é *Studien über Hysterie* (*Estudos sobre a Histeria*), publicado em 1895.

No segundo período, o mais longo e mais importante na evolução da psicanálise, são definidos todos os traços característicos basilares da teoria freudiana do inconsciente. Agora ela já se torna totalmente original. Nesse período ocorre a elaboração de todas as questões *no plano da psicologia teórica e aplicada*. Freud ainda evita amplas generalizações filosóficas, evita questões ideológicas. A concepção toda é de caráter acentuadamente positivista. O estilo[1] das obras de Freud é sóbrio e seco. Os limites cronológicos aproximados

1. Até hoje (1926) Freud continua insistindo no caráter rigorosamente empírico de sua doutrina. Segundo suas palavras, a psicanálise não é um sistema filosófico que parte de premissas rigorosamente definidas para tentar abranger todo o conjunto do mundo e, uma vez concluída, não deixa mais lugar para novas investigações e concepções melhor elaboradas. Ao contrário, a psicanálise se baseia nos fatos da área estudada, procura resolver os problemas imediatos que vão surgindo das observações – nunca em vão, está sempre disposta a fazer corretivas em sua teoria (Handwörterbuch, p. 616).

desse período se estendem de 1897 a 1914. Nesse período foram publicadas todas as obras fundamentais de Freud sobre psicanálise[2].

No terceiro período, a concepção de inconsciente sofre uma mudança substancial (sobretudo nos trabalhos dos alunos e seguidores de Freud), e começa a se aproximar da doutrina metafísica de Schopenhauer e Hartman. *As questões gerais da concepção de mundo começam a predominar sobre as questões particulares e especiais.* O inconsciente se torna personificação de tudo o que há de mais baixo e de mais elevado no homem (principalmente entre os representantes da escola freudiana suíça). Surge a teoria do "Ideal do Ego" (Ich-Ideal).

A que se devem essas mudanças no próprio espírito da doutrina? Em parte à influência direta de Schopenhauer e Hartman (e também de Nietzsche) que, a essa altura, Freud começa a estudar minuciosamente (durante o primeiro e quase todo o segundo período, Freud, como positivista consequente, não reconhecia a filosofia). Em parte, manifestou-se aí a forte influência dos novos adeptos de Freud (especialmente Otto Rank e Sandor Ferenczi), que desde o início já estavam afinados com a filosofia e as ciências humanas e trouxeram novos tons à discussão das questões psicanalíticas. Mas é provável que nessa mudança tenha cabido papel mais relevante à influência inversa exercida sobre Freud pelos contemporâneos envolvidos com ele. Nessa ocasião Freud já era "senhor reconhecido das mentes" nos mais amplos círculos intelectuais. Mas já nas obras anteriores de Freud esses círculos procuravam justamente pelo tema filosófico, ideológico. Eles esperavam e exigiam da psicanálise a "revelação" no campo da visão de mundo. E, pouco a pouco, Freud foi se deixando levar e se sujeitando à essa exigência e expectativa. Deu-se um fenômeno bastante comum: o sucesso e o reconhecimento levaram à adaptação e a uma certa degenerescência da doutrina, que crescera e amadurecera em um clima de hostilidade e falta de reconhecimento.

A fronteira cronológica aproximada que separa esse terceiro e último período do segundo estende-se aproximadamente de 1914 a 1915[3]. Nesse período, as obras principais são os dois últimos livros de Freud, *Jenseits des Lustprincips* (*Além do Princípio de Prazer*) *e Das Ich und das Es* (*O Ego e o Id*)[4]. Aliás, a expressão literária mais nítida desse período da psicanálise não vem de Freud, mas de seu discípulo

2. *Traumdeutung* (*A Interpretação dos Sonhos*), 1900. Há uma tradução russa de 1911; *Psychopatologie des Alltagslebens* (*Psicopatologia do Cotidiano*), tradução russa de 1925; *Der Witz* (*O Chiste...*), com a tradução russa datada de 1925; *Drei Abhandlungen zur Sexualtheorie* (*Três Ensaios sobre a Teoria da Sexualidade*); há tradução russa, mas sem indicação do ano; *Kleine Schriften zur Neurosenlehre* (*Ensaios sobre a Teoria das Neuroses*) em três volumes. Há outras obras menos importantes.

3. As primeiras notas, que caracterizam o último período do freudismo, começam a ecoar em obras como *Einführung des Narcismus* e *Trauer und Melancholie*.

4. Traduzido para o russo e publicado pela editora Academia em 1924.

preferido, Otto Rank, com seu *O Trauma do Nascimento*[5], livro que foi publicado três anos antes e alcançou sucesso estrondoso. Trata-se da expressão mais característica do novo espírito que passou ultimamente a dominar a psicanálise. É um livro filosófico do começo ao fim. Foi escrito com o tom e o estilo de um sábio, "que proclama grandes e terríveis sofismas". Em algumas passagens parece uma paródia ruim do Nietzsche do período de envolvimento com Schopenhauer[6]. As conclusões impressionam pelo tom extremado. No clima sóbrio e seco do segundo período da psicanálise – o período clássico –, semelhante livro seria absolutamente impossível.

São esses os três períodos de evolução da psicanálise. Suas diferenças e peculiaridades devem ser sempre levadas em conta; não podem ser ignoradas em proveito da unidade lógica da teoria. Em seus 33 anos de existência histórica, a psicanálise mudou muito e essencialmente. A época atual não é mais aquela de antes da guerra de 1914.

A PRIMEIRA CONCEPÇÃO DE INCONSCIENTE

O que é o "inconsciente"? Qual era a concepção que se tinha dele no primeiro período de evolução da psicanálise?

Ainda em 1889 em Nancy, Freud, então jovem médico vienense, ficou impressionado com uma experiência de Bernheim, famoso conhecedor de hipnose: uma paciente hipnotizada foi ordenada por meio da sugestão que, algum tempo após despertar, abrisse um guarda-chuva que estava em um canto da sala. Desperta do sono hipnótico, a senhora cumpriu a ordem com exatidão no prazo estipulado: foi ao canto da sala e abriu o guarda-chuva. Perguntada sobre os motivos do seu ato, ela respondeu que teria sentido vontade de verificar se aquele guarda-chuva era o seu. Esse motivo não correspondia de maneira nenhuma à causa real do ato e, pelo visto, foi inventado *post factum**, mas satisfez plenamente a consciência da paciente: ela estava sinceramente convencida de que havia aberto o guarda-chuva por vontade própria, querendo verificar se ele lhe pertencia ou não. Depois, por meio de insistentes indagações e sugestões, Bernheim levou finalmente a paciente a lembrar-se da verdadeira causa do ato, ou seja, a ordem por ela recebida durante a hipnose[7].

Dessa experiência Freud tirou três conclusões de ordem geral que determinaram os fundamentos de sua primeira concepção de inconsciente:

5. *Trauma der Geburt* (1924).
6. De *O Nascimento da Tragédia*, de onde Rank tira a epígrafe para o seu livro.
* Em latim, no original russo. (N. do T.)
7. Cf. a respeito em Freud, *Zur Geschichte der psychoanalytischen Bewegung*, Samml. Kleiner Schriften zur Neurosenlehre, 4. Folge.

1. a motivação da consciência, com toda a sua sinceridade subjetiva, nem sempre corresponde às causas reais do ato;
2. às vezes, o ato pode ser determinado por forças que agem no psiquismo mas não chegam à consciência;
3. mediante certos procedimentos, essas forças psíquicas podem ser levadas à consciência.

Com base nessas três teses, verificadas em sua própria prática psiquiátrica, Freud elaborou, em conjunto com o doutor Breuer, seu antigo colega, o chamado *método catártico de tratamento da histeria*[8].

O MÉTODO CATÁRTICO

A essência desse método consiste no seguinte: a histeria e algumas outras doenças nervosas *psicogênicas* (provocadas por abalo psíquico e não por abalo orgânico) se baseiam em formações psíquicas que não chegam à consciência do doente; são toda sorte de abalos psíquicos, sentimentos ou desejos já vivenciados pelo doente que, não obstante, os *esqueceu deliberadamente* uma vez que sua consciência os teme ou se envergonha de recordá-los por algum motivo. Sem penetrar na consciência, essas experiências emocionais esquecidas não podem ser erradicadas nem descarregadas por via normal; são elas que suscitam os sintomas mórbidos da histeria. O médico deve remover a *amnésia* nessas experiências emocionais, levá-las à consciência do paciente, entrelaçá-las num tecido único dessa consciência e, assim, dar-lhes a possibilidade de descarregar-se e erradicar-se. É por meio dessa erradicação que se destroem os sintomas mórbidos da histeria.

Por exemplo, uma jovem sente por alguém de sua intimidade uma atração amorosa que acha tão inadmissível, terrível e contranatural que não tem condição de confessar tal sentimento nem a si mesma. Por isso não pode submetê-lo a uma análise sóbria e consciente nem mesmo a sós consigo. Essa emoção, que a própria jovem não reconhece, fica em situação de *total isolamento* em sua psique; não pode entrar em nenhum contato com outras emoções, pensamentos e considerações. O medo, a vergonha e a indignação enviam essa emoção para um angustiante exílio psíquico. Essa emoção isolada não consegue encontrar saída desse exílio: porque sua saída normal seria algum ato, alguma ação ou palavras e argumentos racionais da consciência. Todas essas saídas estão fechadas. Reprimida de todos os lados (apertadas num tomo, *eingeklemmte*, segundo expressão de

8. Para a exposição subsequente, veja-se Breuer e Freud, *Studien über Hysterie*, 1, Auflage, 1895, (IV. Aufl.1922), ou o artigo de Freud em *Handword d.Sex.*, *Wissensch.*, p. 610.

Freud), a experiência emocional começa a procurar saídas por vias anormais onde pode permanecer não reconhecida; no entorpecimento de algum membro sadio do corpo, em acessos imotivados de medo, em alguma ação desprovida de sentido etc. É por essas vias que se formam os sintomas da histeria. Neste caso, o médico tem por tarefa, antes de mais nada, identificar na paciente e fazê-la recordar essa causa da doença que ela deliberadamente esquece e não reconhece. Para tanto, Freud e Breuer lançaram mão da hipnose (total ou parcial). Uma vez identificada a causa da doença, cabia ao médico levar a paciente a reconhecer a experiência emocional esquecida, superando o medo e a vergonha, a deixar de "escondê-la" nos sintomas de histeria e colocá-la no "uso normal" da consciência. Aqui, seja por meio de um combate consciente a essa experiência emocional, seja fazendo uma conveniente concessão a ela, o médico lhe permite descarregar-se normalmente. Talvez a nossa jovem tenha de experimentar duros infortúnios ou contrariedades, mas, em todo caso, já não estará doente. Os sintomas de histeria se tornarão desnecessários e irão desaparecendo pouco a pouco.

A esse libertar-se do apavorante e vergonhoso por meio de sua erradicação Freud dá o nome de *catarse*, termo aristotélico que significa purificação. Segundo a teoria de Aristóteles, a tragédia purifica a alma dos espectadores eliminando o medo e o sofrimento, levando-os a vivenciar esses sentimentos de forma atenuada. Daí a denominação de *catártico* dada por Freud e Breuer ao seu método[9].

Essas experiências emocionais esquecidas, que suscitam os sintomas da histeria, são o "inconsciente", como o concebia Freud na etapa inicial da sua teoria. O "inconsciente" pode ser definido como um certo *corpo estranho* que penetra no psíquico. Ele não está vinculado por fios associativos sólidos a outros elementos da consciência e por isso lhe rompe a unidade. Ele normalmente se aproxima do devaneio, que, mais que as outras experiências da vida normal, também é mais livre dos laços associativos estreitos que penetram a nossa consciência. Dele também se aproxima o estado de *hipnose*, o que levou Freud e Breuer a chamar de *hipnoide* o "inconsciente"[10].

É essa a primeira concepção de inconsciente em Freud. Cabe notar e destacar duas de suas particularidades. Em primeiro lugar, Freud não nos oferece nenhuma teoria fisiológica do inconsciente e nem tenta fazê-lo, ao contrário de Breuer, que propõe uma fundamentação fisiológica do seu método[11]. *Desde os seus primeiros passos, Freud deu as costas à fisiologia*. Em segundo lugar, só podemos obter os produtos do inconsciente *traduzindo-os para a linguagem da cons-*

9. Breuer e Freud, *Studien über Hysterie*, p. 1-14.
10. Idem, Ibidem.
11. Idem, Ibidem.

ciência; afora a consciência do próprio doente, não há e nem pode haver outro enfoque imediato do inconsciente.

Lembremos ainda ao leitor a imensa importância que o método catártico atribui à resposta verbalizada. O próprio Freud ressalta esse traço da sua teoria: compara seu método de tratamento da histeria à confissão católica. Na confissão, o religioso realmente sai aliviado e purificado graças ao que confessa a outra pessoa, neste caso o padre; os pensamentos e obras que ele mesmo não reconhece como pecaminosos e sobre os quais nada pode falar a outra pessoa em outras circunstâncias. Assim ele dá uma *expressão verbalizada e um desfecho verbalizado* àquilo que fora reprimido e isolado no seu psiquismo, agravando-o. Nisso reside a força purificadora da palavra[12].

PECULIARIDADES DO SEGUNDO PERÍODO

Passemos agora à ulterior evolução do conceito de inconsciente já no segundo período – o clássico – da psicanálise, quando é enriquecido por toda uma série de elementos sumamente substanciais.

No primeiro período, o inconsciente era concebido, até certo ponto, como *fenômeno casual* no psiquismo humano: constituía uma espécie de apêndice patológico do psiquismo, algo como um corpo estranho que penetra na alma do homem predisposto à histeria sob a influência de circunstâncias fortuitas da vida. No primeiro período, o aparelho psíquico normal era algo plenamente estático, estável: *a luta entre as forças psíquicas não era, absolutamente, uma forma permanente, regular de vida psíquica*, sendo antes *um fenômeno excepcional e anormal*. Nesse período, o conteúdo do inconsciente permaneceu totalmente impossível de se elucidar e como que fortuito. Dependendo das peculiaridades individuais do homem e das circunstâncias casuais da vida, essa ou aquela experiência emocional dolorosa ou vergonhosa era isolada, esquecida, e tornava-se inconsciente; Freud não faz quaisquer *generalizações tipológicas* dessas experiências, como nem sugere a importância excepcional do elemento sexual.

No segundo período, o inconsciente já se torna um componente indispensável e sumamente importante do dispositivo psíquico de todo ser humano. O próprio dispositivo psíquico se dinamiza, ou seja, é colocado em movimento contínuo; a luta entre a consciência e o inconsciente é proclamada como forma permanente da vida psíquica e regida por lei. O inconsciente se torna fonte produtora das

12. Cabe ainda observar que, nesse período, Freud deixara de aplicar em sua prática de psiquiatra os métodos da hipnose com fins catárticos e o substituíra pelo método das *livres associações*. Por meio de perguntas sugeridas e de longa observação, o médico, depois de preparar previamente o paciente, perquiria até chegar às experiências emocionais "vergonhosas ou temerárias" recalcadas no inconsciente e, levando-as à consciência, dava-lhes descarga natural.

forças e energias psíquicas para todos os campos da criação cultural, especialmente para a arte. Ao mesmo tempo, fracassando na luta com a consciência, o inconsciente pode tornar-se fonte de todas as doenças nervosas.

Segundo essas novas concepções de Freud, o processo de formação do inconsciente é de caráter regular e transcorre durante toda a vida do homem desde o momento do seu nascimento. Esse processo recebe o nome de *recalque* (*Verdrüngung*). *Recalque é um dos conceitos mais importantes de toda a teoria psicanalítica.* Tipifica-se o conteúdo do inconsciente: já não se trata de experiências emocionais fortuitas e dispersas, mas de certos grupos típicos e conexos de experiências emocionais (complexos) de determinado caráter, predominantemente *sexual*, no essencial *comuns* a todos os seres humanos. *Esses complexos* são deslocados para o inconsciente *em períodos rigorosamente determinados*, que se repetem na história de vida de cada indivíduo.

No presente capítulo abordaremos o principal "*mecanismo*" psíquico vinculado ao recalque e o conceito de *censura* a ele estreitamente ligado. No próximo capítulo cuidaremos do conteúdo do inconsciente.

O que é recalque?

A DOUTRINA DO RECALQUE

Nas primeiras fases de desenvolvimento da personalidade humana, o nosso psiquismo desconhece a distinção entre possível e impossível, útil e nocivo, permitido e proibido. Ela é dirigida apenas pelo princípio do *prazer* (*Lustprincip*)[13]. Na aurora do desenvolvimento da alma humana surgem, livre e desimpedidamente, representações, sentimentos e desejos que, nas etapas subsequentes do desenvolvimento, levariam pavor à consciência pelo que têm de criminoso e vicioso. Na psique infantil, "tudo é permitido"; para ela não há desejos e sentimentos amorais e ela, desconhecendo a vergonha e, o medo, usa amplamente esse privilégio para acumular uma enorme reserva das mais viciosas imagens, sentimentos e desejos, viciosos, é claro, do ponto de vista das fases subsequentes do desenvolvimento. A esse domínio absoluto do princípio do prazer, nos primórdios do desenvolvimento, incorpora-se a capacidade *de satisfação aleatória dos desejos*: porque a criança ainda desconhece a diferença entre o real e o irreal. Para ela, qualquer *representação já é*

13. Freud, *Überzwei Princip. d. psych. Geschehens*, Kl, Schr. Z, Neurosenlebre; 3.F, p. 271.

realidade. Durante toda a vida, o homem conserva *no sonho* essa satisfação alucinatória[14].

Nas etapas subsequentes do desenvolvimento psíquico, o princípio de prazer perde seu domínio exclusivo no psíquico: ao lado dele e contrariando-o frequentemente começa a agir um novo princípio da vida psíquica – "o *princípio de realidade*". Agora, todas as experiências emocionais psíquicas devem passar na psique por uma *prova dupla* do ponto de vista de cada um desses princípios porque amiúde o desejo pode não ser satisfeito e por isso causar sofrimento ou, ao ser satisfeito, acarretar consequências desagradáveis: tais desejos devem ser reprimidos. Qualquer *representação* pode ser vinculada ao sentimento de medo por uma estreita relação associativa ou à lembrança de um sofrimento: outras representações não devem surgir na psique.

Assim, ocorre uma seleção psíquica, e só aquela formação psíquica que suporta uma prova dupla do ponto de vista de ambos os princípios, como que se legaliza, ganha plenitude de direitos e integra o sistema superior do psíquico – *a consciência*, ou apenas ganha a possibilidade de integrá-la, isto é, de tornar-se *pré-consciente*. As mesmas experiências emocionais que não suportam uma prova se tornam ilegais e são recalcadas para o sistema do *inconsciente*.

Esse recalque, que funciona ao longo de toda a vida do homem, *realiza-se mecanicamente, sem qualquer participação da consciência*. Esta recebe a si mesma em forma totalmente pronta, não registra o recalcado e pode inclusive não suspeitar absolutamente da sua existência ou composição. O recalque é dirigido por uma força psíquica específica, que Freud chama figuradamente de *censura*. Esta se situa na fronteira entre os sistemas do inconsciente e da consciência. Tudo o que está na consciência ou pode integrá-la é rigorosamente *censurado*[15].

Todo acervo de representações, sentimentos e desejos "censurados", deslocados para o inconsciente, *nunca se extingue nem* perde a força. Porque erradicar algum desejo ou sentimento só é possível através da consciência e dos atos e ações por ela orientadas, antes de tudo através do discurso humano. O inconsciente é mudo, tem medo da palavra. Não podemos reconhecer desejos inconscientes nem em nosso discurso interior; logo, eles não têm nenhuma saída, não podem ser descarregados e, por isso, vivem invariavelmente em nossa psique com toda a plenitude de forças e frescor[16].

Assim se realiza o processo de recalque.

14. Freud, *A Interpretação dos Sonhos* (citado da edição russa), p. 388-391, 403-405.

15. Idem, p. 116 e 439 e seguintes, bem como *O Eu e o Id*, cap. 1 e 11.

16. Freud. *Jenseits des Lustprincips*, p. 35-36, e Kl. Schr. z. Neur, 4. F.: *Das Unbewusste*.

Agora podemos definir o inconsciente do ponto de vista da *dinâmica psíquica* de sua formação como *recalcado*. O caráter desse recalcado, noutros termos, o conteúdo desse inconsciente, será elucidado no próximo capítulo.

4. O Conteúdo do Inconsciente

A TEORIA DAS PULSÕES

Tomamos conhecimento do processo de recalque. De onde vem a matéria para ele?

Que sentimentos, desejos e representações acabam recalcados no inconsciente?

Para entendê-lo, para compreender a composição do inconsciente, é necessário conhecer a *teoria freudiana das pulsões* (Triebe)[1].

A atividade psíquica é acionada *por estimulações internas e externas* do organismo. As estimulações internas têm fonte somática (corpórea), isto é, surgem no nosso próprio organismo, e Freud chama de *pulsões* as representações psíquicas dessas *estimulações somáticas* internas.

Freud divide todas as pulsões segundo seus fins e sua fonte somática em dois grupos:

1. pulsões sexuais, *cujo fim* é a continuação da espécie, ainda que seja à custa da vida do indivíduo;
2. pulsões individuais ou pulsões do "eu" (Ichtriebe), cujo fim é a autopreservação da espécie.

1. Samml. *Kl. Scbr, Z. Neur.* 4. F.: *Triebe und Triebschicksale*, bem como *O Ego e o Id*, cap. IV.

Esses dois grupos de pulsões são irredutíveis um ao outro e frequentemente entram em conflitos diversos.

Abordaremos apenas as pulsões sexuais, uma vez que elas fornecem o acervo principal de matéria ao sistema do inconsciente. Freud estudou minuciosamente o grupo dessas pulsões[2]. Alguns estudiosos consideram que os méritos essenciais do freudismo estão precisamente no campo da teoria da sexualidade.

A VIDA SEXUAL DA CRIANÇA

No capítulo anterior dissemos que, nas primeiras fases de sua vida psíquica, a criança acumula uma imensa reserva de sentimentos e desejos pervertidos e amorais do ponto de vista da consciência. Ao leitor que desconheça o freudismo, essa afirmação provavelmente parecerá muito estranha e talvez provoque perplexidade. De fato, onde a criança pode adquirir desejos pervertidos, amorais? Ora, a criança é o símbolo da inocência e da pureza!

A pulsão sexual ou *libido* (fome sexual), como a denomina Freud, *é própria da criança desde o começo de sua vida*; nasce com seu corpo e tem uma vida constante que, às vezes, apenas se atenua, mas nunca se extingue inteiramente no organismo e no psiquismo. O amadurecimento sexual é apenas uma etapa – se bem que muito importante – no desenvolvimento da sexualidade, mas de modo algum é o seu começo[3].

Nas primeiras fases do desenvolvimento, em que ainda domina absoluto o princípio de prazer com o seu "tudo é permitido", a pulsão sexual se caracteriza pelas seguintes peculiaridades básicas:

1. A genitália ainda não se tornou o centro somático organizador da pulsão sexual; é apenas uma das *zonas erógenas* (como Freud denomina as *partes sexualmente excitáveis do corpo*) e enfrenta a concorrência bem-sucedida de outras zonas como a boca (no ato de sugar), o ânus durante a evacuação, a pele, o polegar ou o dedo grande do pé[4]. Pode-se dizer que a pulsão sexual ou libido da criança não está reunida nem concentrada nos órgãos sexuais ainda não amadurecidos, mas dispersa por todo o organismo, e qualquer parte do corpo pode tornar-se fonte somática de excitação sexual. Freud denomina *pré-genital* esse primeiro *período* do desenvolvimento sexual uma vez que os órgãos sexuais ainda não se tornaram o centro das pulsões do corpo. Cabe observar que certo grau de excitação sexual

2. Cf. Freud, *Drei Abhandungen zur Sexualtheorie*, 1905. Traduzido para o russo como *Ótcherki po psikhologuii seksualnosti* (Ensaios de Psicologia da Sexualidade), Moscou, ed. Giz, 1925.

3. *Ensaios de Psicologia da Sexualidade.*

4. Idem, p. 43-44, 58, 61.

também permanece além das zonas erógenas (sobretudo na boca e no ânus) ao longo de toda a vida subsequente do homem[5].

2. A pulsão sexual da criança ainda não é autônoma, diferenciada: está em íntima contiguidade com outras necessidades do organismo e com processos de sua satisfação como alimentar-se, mamar, urinar, defecar etc., atribuindo colorido sexual a todos esses processos[6].

3. Na primeira fase "oral", a pulsão sexual da criança se satisfaz no próprio corpo e dispensa o objeto (outra pessoa) erótico: a criança é autoerótica[7].

4. Uma vez que o primado da genitália (isto é, o seu predomínio na vida sexual) ainda está ausente, a diferenciação sexual da pulsão ainda é instável. Pode-se dizer que, na primeira fase do desenvolvimento, a pulsão sexual é *bissexual*.

5. Como consequência de todas essas peculiaridades da tenra pulsão sexual, a criança vem a ser *perverso-poliforma* (*polymorph pervers*), inclina-se para o masoquismo, o sadismo, o homossexualismo e outras perversões[8]. Pois sua libido está disseminada por todo o corpo e pode unir-se a qualquer processo e sensação orgânica, de tudo auferindo prazer sexual. O menos compreensível à criança é precisamente o ato sexual. Freud vê as perversões sexuais dos adultos como manifestação da *inibição do desenvolvimento normal*, como regressão às fases primitivas da sexualidade infantil.

São esses, segundo Freud, os traços principais do erotismo infantil. Agora fica claro que enorme reserva de desejos sexuais, representações e sentimentos a eles vinculados podem surgir na psique da criança com base na libido infantil e mais tarde deve ser implacavelmente deslocada no sentido do inconsciente.

Podemos dizer que toda a época primária da história do nosso psiquismo está situada fora da nossa consciência – porque habitualmente o homem não se lembra do que lhe aconteceu antes dos quatro anos –, mas os acontecimentos dessa época não perderam sua força e estão permanentemente vivos no inconsciente; esse passado não morreu, conserva-se no presente porque não foi erradicado.

5. Segundo Freud, o desenvolvimento da pulsão sexual na criança passa pelas seguintes fases: a primeira, pré-genital ou oral, na qual cabe à boca o papel principal em conformidade com os interesses essenciais da criança; a segunda é a fase anal e a última aquela em que a zona genital ocupa o primeiro lugar. Segundo Freud, a criança passa com bastante facilidade por todas essas fases aproximadamente entre os cinco e os seis anos de vida. (Nota da redação)

6. *Ensaio de Psicologia da Sexualidade*, p. 56,75-79.

7. Idem, p. 56-58.

8. Idem, p. 66-68.

O COMPLEXO DE ÉDIPO

Os mais importantes acontecimentos dessa história recalcada da vida sexual da criança são o *desejo sexual pela mãe* e o ódio ao pai por causa de tal desejo, o chamado *complexo de Édipo*[9]. A teoria desse complexo e do seu papel na vida do homem é um dos pontos mais importantes do freudismo. Sua essência é a seguinte: a *mãe é* o primeiro objeto da pulsão erótica do homem, evidentemente nos termos do erotismo infantil acima caracterizado. As relações da criança com a mãe são *sexualizadas* desde o início. Segundo Otto Rank, célebre e autorizado discípulo de Freud, até a permanência do feto no ventre da mãe tem caráter libidinoso e, no fundo, com o ato do nascimento – a primeira e sofrida separação da mãe, o rompimento da unidade com ela –, começa a tragédia do Édipo[10]. Mas a libido se volta mais e mais para a mãe, sexualizando cada ato do seu afastamento e das suas preocupações: o ato de mamar no peito, o banho, a defecação, tudo isso tem colorido sexual para a criança. Durante esse processo são inevitáveis os contatos com diversas zonas erógenas e com a genitália, despertando na criança sentimentos agradáveis e, às vezes, a primeira ereção. A criança se arrasta para a cama da mãe, gruda no corpo dela, e a memória vaga do seu organismo a atrai para o *uterus* da mãe, para a regressão a esse *uterus*. Assim, a criança é *organicamente* atraída para o incesto. Aí é absolutamente inevitável o surgimento dos desejos, sentimentos e representações incestuosos.

Nessas pulsões do pequeno Édipo, seu pai se torna seu rival e atrai para si o ódio do filho. Porque o pai interfere nas relações do filho com a mãe, não permite levá-lo para a cama, obriga-o a ser independente, a fazer suas coisas sem a ajuda da mãe etc. Daí surge na criança o desejo infantil da morte do pai, que lhe permitiria a posse absoluta da mãe. Uma vez que nessa fase do desenvolvimento ainda domina no psiquismo da criança o princípio de prazer, não há nenhum limite ao desenvolvimento de tendências quer *incestuosas*, quer *hostis*, assim como de desejos e diversos sentimentos e imagens congêneres[11].

Quando o princípio de realidade ganha força e a voz do pai, com seus vetos, passa a ser reelaborada pouco a pouco como voz da própria consciência, começa uma luta árdua e persistente com as pulsões incestuosas, e estas são deslocadas para o inconsciente. Todo o complexo de Édipo é objeto de uma amnésia total. No lugar das pulsões recalcadas surgem o *medo e a vergonha*, provocados no psiquismo

9. Cf. *A Interpretação dos Sonhos*, p. 196-204 (ed. russa), bem como Jung, *Die Bedeutung des Vaters fur das Schicksal des Einzelnen*; O. Rank, *Incestmotiv in Dichtung und Sage* e *Trauma der Geburt* (1924).

10. Otto Rank, *Trauma der Gerburt*.

11. O mesmo se aplica inversamente à menina.

pela própria da possibilidade da atração sexual pela mãe. A censura faz magnificamente o seu trabalho: a consciência legal – por assim dizer, *oficial* – do homem protesta com plena sinceridade contra a própria insinuação da possibilidade do complexo de Édipo.

Segundo Freud, nem de longe o processo de recalque do complexo de Édipo transcorre sem dor para a criança; frequentemente acarreta doenças nervosas, sobretudo fobias infantis[12].

O complexo de Édipo, segundo Freud, explica perfeitamente por que estão tão disseminados entre diferentes povos *os mitos* do incesto, do assassinato do pai pelo filho ou, ao contrário, do espancamento dos filhos pelo pai e outras lendas de família. A isso mesmo se deve a impressão irresistível que a tragédia de Sófocles, *Édipo Rei*, produz em todas as pessoas, embora do ponto de vista da consciência oficial devamos reconhecer que a situação de Édipo foi inventada e de maneira alguma é *típica* da vida. Mas para Freud essa tragédia, como qualquer grande obra de arte, não se volta, de modo algum, para a nossa consciência oficial, mas para todo o psiquismo em seu conjunto e, acima de tudo, para as profundezas do inconsciente[13].

O complexo de Édipo é o primeiro acontecimento pré-histórico da vida do homem, e Freud lhe atribui uma importância imensa e francamente decisiva para a vida do homem. Esse primeiro amor e esse primeiro ódio ficarão para sempre como os sentimentos mais integralmente orgânicos da sua vida. Comparadas a ele, todas as subsequentes relações eróticas, que já transcorrem à luz da consciência, se afiguram como algo superficial, coisas da cabeça, que não abrangem as próprias *profundezas do organismo e do psiquismo*. Rank e Ferenczi acham mesmo que todas essas relações amorosas posteriores são apenas um sucedâneo do primeiro amor edipiano do homem, que antecedeu à plena unidade orgânica como objeto desse amor – a mãe. O futuro *coitus** do homem é apenas uma compensação parcial do paraíso perdido do estado intrauterino. Todos os acontecimentos da vida adulta herdam sua força psíquica desse primeiro acontecimento deslocado para o inconsciente – o complexo de Édipo. Em sua vida posterior, o homem torna a representar reiteradamente todo esse acontecimento primordial do complexo de Édipo – sem, evidentemente, ter qualquer consciência disso – e o faz com novos participantes da vida, transferindo para eles os seus sentimentos recalcados

12. Cf. Freud, *Geschichte der Fobie cines 5-jahrigen Knaben*, Kl. Schr., 3. F., p. 1 e ss.

13. Essas investigações psicológicas, que com base na psicanálise, procuram penetrar nas profundezas do psiquismo humano, campo do inconsciente, e ganharam na literatura psicanalítica o novo termo de "psicologia das profundezas" (Tiefenpsychologic). (N. da R.)

* Em latim no original russo. (N. do T.)

– e por isso eternamente vivos – pela mãe e pelo pai. Isto se funda no chamado *mecanismo da transferência* (*Übertragung*).

O mecanismo da transferência é um elemento muito importante da teoria e da prática psicanalíticas. Por esse mecanismo, Freud entende *a transferência inconsciente das paixões recalcadas, principalmente as sexuais, do objeto imediato para outro que o substitui*: assim, a paixão pela mãe ou a hostilidade ao pai costumam ser transferidas para o médico durante as sessões de psicanálise e com isto são superadas. Aí reside a importância do mecanismo da transferência para a prática da psicoterapia. A transferência é um dos meios de *contornar* as interdições da consciência oficial e, ao menos parcialmente, dar liberdade e expressão ao inconsciente.

Freud supõe que a vida amorosa do homem depende muito do quanto ele consegue liberar a sua libido da fixação na mãe. *O primeiro objeto do amor de um jovem costuma parecer-se com a mãe.*

Mas a imagem da mãe também pode desempenhar papel fatal no desenvolvimento da pulsão sexual: o medo do incesto, que para a consciência oficial tomou o amor à mãe propositadamente espiritual, o chamado amor-respeito, é incompatível com a simples ideia de sensualidade: esse medo pode fundir-se na alma do homem com toda sorte de respeito, com qualquer coisa do espírito. Isto inviabiliza frequentemente o contato sexual com a mulher espiritualmente amada e respeitada, redundando numa divisão fatal de uma atração indivisa em dois fluxos: em paixão sensual e afeição espiritual, que não se juntam em um objeto[14].

O CONTEÚDO DO INCONSCIENTE NO SEGUNDO PERÍODO

O complexo de Édipo e tudo o que está a ele vinculado constituem o conteúdo central do sistema do inconsciente; juntam-se a ele os grupos menores de formações psíquicas recalcadas, cujo afluxo perdura durante toda a vida do homem. A cultura e o crescimento cultural do indivíduo requerem novos e novos recalques. *Mas, em linhas gerais, se pode afirmar que o grosso, por assim dizer, o acervo central do inconsciente, é constituído pelas pulsões infantis de caráter sexual.* Dentre as pulsões do "ego", devem-se mencionar apenas as chamadas pulsões agressivas (hostis). No psiquismo infantil, com seu "tudo é permitido", essas pulsões agressivas são de natureza cruel: raramente a criança deseja aos seus inimigos algo menos que a morte. Nos primeiros anos de vida, a criança acumula muitos desses "assassinatos mentais" inclusive das pessoas mais íntimas; posteriormente todos eles são deslocados para o inconsciente. Graças ao domínio do

14. Freud, *Zur Psychologie des Liebeslebens*, Kl. Schr. 4. F.

princípio do prazer, a criança é, em todos os sentidos, um egoísta genuíno e consequente. Esse egoísmo desconhece a existência de quaisquer restrições morais e culturais. Nesse terreno também se elabora material suficiente para o inconsciente.

É esse, em linhas gerais, o conteúdo do inconsciente. Podemos exprimi-lo na seguinte forma resumida: entra no mundo do inconsciente[15] tudo o que o organismo poderia fazer se estivesse à mercê do puro princípio do prazer, se não fosse tolhido pelo princípio de realidade e pela cultura. Integra esse campo tudo o que o organismo desejou e imaginou claramente (e, em grau ínfimo, realizou) na tenra fase infantil da vida, período em que a pressão da realidade e da cultura ainda era fraca e o homem era mais livre na manifestação de sua tradicional autossuficiência orgânica.

Todas as referidas definições e características dos elementos centrais da concepção freudiana de inconsciente – os dois princípios da realização psíquica, do recalque, da censura, da teoria das pulsões e, por último, do conteúdo do inconsciente – foram elaboradas, como já dissemos, no segundo e positivo período do desenvolvimento da psicanálise. Foram nos trabalhos desse período que se baseou predominantemente a nossa exposição. Sabemos, porém, que no terceiro período, esse estudo foi objeto de modificações e acréscimos substanciais.

Sabemos igualmente que direção tomaram tais modificações. Não nos deteremos minuciosamente em tudo o que a psicanálise trouxe de novidade nesse terceiro período porque é em nossos dias que o desenvolvimento desse período chega ao ponto culminante. Muita coisa nele ainda não se constituiu nem se definiu de uma vez por todas. Os dois livros do próprio Freud, característicos desse período, apresentam reticências, são vagos em algumas passagens, distinguindo-se, assim, dos trabalhos anteriores que são quase clássicos pela transparência, a precisão e o acabamento. Por isso nos limitaremos a um breve exame apenas do que há de mais importante.

A TEORIA DAS PULSÕES NO TERCEIRO PERÍODO (EROS E MORTE)

A teoria das pulsões sofreu mudanças substanciais. Em vez da antiga divisão das pulsões em sexuais (continuidade da espécie) e pulsões do "eu" (conservação do indivíduo), surgiu um novo dualismo:

1. pulsão sexual ou Eros*;

15. Idem, ibidem.

* Bakhtin usa o termo "Eros" onde alguns estudiosos de Freud, como Elisabeth Roudinesco e Michel Pion, por exemplo, usam "vida". Já na tradução de *O Ego e o Id* feita por José Octávio de Aguiar Abreu, sob direção e revisão técnica Jayme Salomão

2. pulsão de morte. A pulsão do "eu" e, acima de tudo, o instinto de autoconservação foram revertidas para as pulsões sexuais (Eros), cujo conceito, assim, ampliou-se excepcionalmente, abrangendo os dois membros da divisão anterior.

Por Eros Freud entende a pulsão para a vida orgânica, pela continuação da espécie (a sexualidade em termos restritos) ou de conservação do indivíduo. A tarefa da pulsão de morte é reverter todos os organismos vivos ao estado inanimado de matéria inorgânica, morta, tendência que está fora da inquietude da vida e de Eros.

Segundo Freud, toda a vida é uma *luta* e um *compromisso* entre as duas referidas tendências. Em cada célula do organismo vivo misturam-se ambas as espécies de pulsão: *Eros e morte*: a um corresponde o processo fisiológico da criação, ao outro, o processo de desintegração da matéria viva. Enquanto a célula está viva, Eros predomina[16].

Quando Eros, intranquilo e atraído para a vida se satisfaz no campo sexual, a pulsão de morte começa a elevar a sua voz. Daí a semelhança do estado imediatamente posterior à plena satisfação sexual com o fenecimento e, nos animais inferiores, a coincidência do ato de fecundação com a morte. Eles morrem porque, acalmado Eros, a pulsão de morte ganha plena liberdade e cumpre a sua missão[17].

Em seu aspecto biológico, essa nova teoria de Freud reflete a forte influência de Weissman*, famoso biólogo alemão neodarwinista, e da influência igualmente forte de Schopenhauer no plano filosófico.

O "IDEAL DO EGO"

A segunda peculiaridade do terceiro período na qual nos deteremos é a ampliação da composição do inconsciente, seu enriquecimento com elementos qualitativamente novos e singulares.

O segundo período caracterizou-se pela concepção dinâmica de inconsciente como recalcado. Freud esbarrou nela em suas investigações psiquiátricas[18]; nesse período predominaram os interesses psiquiátricos específicos. O recalcado, que, como vimos, consta principalmente de pulsões sexuais, é hostil ao nosso "Eu" consciente. Em *O Ego e o Id*, seu último livro, Freud propõe a denominação de "Id" para todo esse campo do psiquismo que não coincide com o nosso "Ego". O "Id" é aquele elemento obscuro interior dos anseios e

e publicada pela editora Imago, Rio de Janeiro, encontramos o termo Eros (N. do T.). *O Ego e o Id* (ed. russa), p. 39.

16. *O Ego e o Id* (ed. russa), p. 39.

17. Idem, p. 47-48.

* August Weismann (1834-1914). (N. do T.)

18. "As investigações patológicas desviaram o nosso interesse exclusivamente para o lado do recalcado". *O Ego e o Id*, p. 14.

paixões que às vezes experimentamos tão intensamente em nós mesmos e contraria os nossos argumentos racionais e a boa vontade. O "Id" são as paixões – o "Ego" é a razão e o senso comum. No "Id" domina absolutamente o princípio de prazer; o "Ego" é o agente do princípio de realidade. Por último, o "Id" é o inconsciente.

Ao falarmos de inconsciente, até agora operamos apenas com o "Id": porque as pulsões recalcadas pertenciam justamente a ele. Por isso todo o inconsciente se concebia como algo *inferior e obscuro, amoral*. Tudo o que era superior, moral e racional coincidia com a consciência. Essa concepção e equivocada. *O inconsciente não é só o "lã". O "Ego", ainda por cima em sua esfera superior, também é campo do inconsciente.*

Isso realmente ocorre porque é inconsciente o processo de recalque que parte do "Ego", é inconsciente o trabalho da censura que se realiza segundo os interesses do "Ego". Assim, uma parte considerável do "Ego" também é inconsciente. E nesse campo que Freud concentra a sua atenção no último período. Esse campo vem a ser bem mais amplo, profundo e essencial do que parecia no início. Do que conhecemos sobre o inconsciente como recalcado, podemos concluir que *o homem normal é bem mais amoral do que ele mesmo supõe. Essa conclusão é correta, mas agora cabe acrescentar que esse homem também é bem mais ético do que ele mesmo sabe*[19]. A "natureza do homem", diz Freud, "tanto em relação ao bem quanto ao mal, supera em muito o que ele supõe sobre si mesmo, isto é, aquilo que o seu "Ego" conhece através da percepção consciente" (O *Ego e o Id*, p. 54).

Freud denomina "Ideal do Ego" (Ichideal) o campo inconsciente superior no "Ego".

O "Ideal do Ego" é acima de tudo aquele censor cujas imposições são postas em prática pelo recalque. Depois, ele se revela em vários outros importantíssimos fenômenos da vida cultural. Manifesta-se no *sentimento inconsciente de culpa*, que paira sobre a psique de algumas pessoas. A consciência não reconhece essa culpa, luta contra esse sentimento, mas não consegue superá-lo. Esse sentimento desempenhou um grande papel em diversas manifestações de fanatismo religioso relacionadas a castigos impostos a si mesmos pelos indivíduos (ascese, autoflagelação, autoimolação pelo fogo etc.). Às manifestações do "Ideal do Ego" relacionam-se ainda o chamado "despertar repentino da consciência", casos em que o homem revela uma severidade inusitada consigo mesmo, desprezo por si mesmo, melancolia etc. Em todas essas manifestações, o "Eu" consciente é forçado a sujeitar-se a uma força *que atua a partir das profundezas do inconsciente, mas, ao mesmo tempo, é superior, moral* e, às vezes, até hipermoral, como a denomina Freud.

19. *O Ego e o Id*, p. 53-54.

Como se formou essa força na alma humana? Como se elaborou nela o "Ideal do Ego"?

Para entender essa questão é necessário conhecer um mecanismo psíquico especial: a "*identificação*". A paixão de uma pessoa por outra qualquer pode desenvolver-se em dois sentidos. Ela pode ansiar *possuir* essa pessoa – como a criança, que no período do complexo de Édipo, anseia possuir a mãe. Mas a pessoa pode ansiar *identificar-se com a outra*, coincidir com ela, tornar-se tal qual ela, impregnar-se dela. E exatamente essa a relação da criança com o pai; ela quer ser como o pai, ser semelhante a ele. Essa segunda espécie de relações com o objeto é a mais antiga: está vinculada à mais tenra fase do desenvolvimento da criança e da espécie humana: a fase *oral*. Nessa fase, a criança (e o homem pré-histórico) não conhece outra maneira de chegar ao objeto a não ser pela *absorção*; tudo o que lhe parece de valor ela procura imediatamente pôr na boca e, assim, introduzi-lo no seu organismo. A tendência à imitação é uma espécie de substituto psíquico de uma absorção mais antiga. Na vida do ser humano a identificação às vezes substitui uma aspiração normal à posse do objeto do amor. Quando fracassa o amor, quando é impossível possuir o seu objeto, o homem como que absorve o caráter da pessoa amada, torna-se parecido com ela, identifica-se com ela[20]. *A identificação deve-se também o surgimento do "Ideal do Ego" na alma do homem.*

Para a formação do "Ideal do Ego", tem a maior importância a identificação com o pai no período de vivenciamento do complexo de Édipo. Aqui a criança absorve o pai com sua coragem, suas ameaças, ordens, proibições. Daí os tons severos e ásperos do "Ideal do Ego" nas imposições da consciência, do dever, do imperativo categórico etc. "Tu deves" ecoou pela primeira vez na mente do ser humano como a voz do pai na época do complexo de Édipo; com esse complexo, essa voz é deslocada para o inconsciente, de onde continua a ecoar como autoridade interna do dever, como imposição suprema da consciência e independente do "Eu". Posteriormente, incorpora-se à voz do pai a autoridade dos professores, da religião, da educação, mas essas influências são mais superficiais e conscientes, razão porque elas mesmas devem procurar a força tomando-a de empréstimo a identificações mais primitivas do homem com o pai e com sua vontade. O "Ideal do Ego" – diz Freud – "conservará o caráter do pai, e quanto mais forte for o complexo de Édipo, quanto mais impetuoso for o seu recalque [...] tanto mais rigorosamente o 'ideal do Ego' irá dominar subsequentemente sobre o 'Eu' como consciência e, talvez, como sentimento inconsciente de culpa".

É essa a doutrina do "Ideal do Ego" em Freud.

20. Freud, *Massenpsychologie una Ich-Analyse*, 1921, p. 68-77.

Concluindo, cabe assinalar que Freud, em seu último livro, define o inconsciente como não verbal; ele se transforma em pré-consciente (de onde sempre pode passar à consciência) através da união com as respectivas representações verbais[21]. Freud dá a essa definição mais importância do que em seus trabalhos anteriores, mas mesmo aqui cia ainda não está desenvolvida.

Aqui concluímos a caracterização do inconsciente. Já conhecemos a sua origem, o seu conteúdo, mas ainda desconhecemos o principal: com base em que material e através de que métodos ou procedimentos investigatórios Freud obteve todos esses dados sobre o inconsciente? Porque só a resposta a essa pergunta permite julgar a fundamentação científica e a autenticidade de todos esses dados. E a isto que dedicamos o próximo capítulo.

21. Cf. *O Ego e o Id*, p. 15-16. Aqui Freud cita trabalhos mais antigos onde aparece pela primeira vez essa definição.

5. O Método Psicanalítico

AS FORMAÇÕES DE COMPROMISSO

Quando expusemos a concepção inicial de inconsciente em Freud, salientamos que este não encontrou acesso *direto e imediato* a ele, mas dele tomou conhecimento *através da consciência* do próprio paciente. O mesmo cabe repetir sobre o método maduro de Freud. Eis o que ele mesmo diz a respeito em seu último livro: "Todo o nosso conhecimento está permanentemente ligado à consciência. Mesmo o inconsciente só podemos conhecer mediante sua transformação em consciência" (*O Ego e o Id*, p. 14)*.

O método psicológico de Freud consiste na análise interpretativa de algumas formações da consciência de tipo especial, que se permitem reduzir às suas raízes inconscientes.

Que formações são essas?

Como já sabemos, ao inconsciente está fechado o acesso direto à consciência também no pré-consciente, em cujo limiar opera a censura. Mas sabemos igualmente que as pulsões recalcadas, todas elas, não carecem de energia e por isso procuram constantemente abrir acesso à consciência. Elas só podem fazê-lo parcialmente mediante o compromisso e a deformação, através da qual renovam a vigilância da censura. A deformação e o mascaramento das pulsões

* A passagem da tradução russa citada por Bakhtin coincide inteiramente com sua similar da tradução brasileira de *O Ego e o Id*, Rio de Janeiro, Imago, 1975, p. 30. (N. do T.)

recalcadas ocorrem, evidentemente, no campo do inconsciente, e já daí, depois de burlarem a censura, penetram na consciência, onde permanecem desconhecidas. É aí, na consciência, que o pesquisador as localiza e as analisa.

Todas essas formações de compromisso podem subdividir-se em dois grupos:

1. formações patológicas – sintomas de histeria, ideias delirantes, fobias, manifestações patológicas da vida cotidiana como o esquecimento de nomes, atos falhos, lapsos;

2. formações normais – sonhos, mitos, imagens artísticas, ideias filosóficas, sociais e até políticas, isto é, todo o campo da *criação ideológica* do homem.

As fronteiras desses dois grupos são instáveis: frequentemente é difícil dizer onde termina o normal e começa o patológico.

O estudo de maior fundamento de Freud é o que trata dos sonhos. Os métodos aí aplicados para interpretar as imagens dos sonhos se tornaram clássicos e modelares para toda a psicanálise.

Freud distingue dois momentos nos sonhos:

1. o conteúdo manifesto do sonho (*manifester Inhalt*) – imagens do sonho habitualmente oriundas de impressões indiferentes do dia anterior ao sonho, das quais nos lembramos facilmente e narramos à vontade a outras pessoas;

2. os sentidos latentes do sonho (*latente Traumgedanken*), que temem a luz da consciência e são artificialmente *mascarados* pelas imagens do conteúdo manifesto do sonho; frequentemente a consciência nem desconfia da sua existência[1].

Como penetrar nesses sentidos profundos, isto é, *interpretar* um sonho?

O MÉTODO DA LIVRE FANTASIA

Para tanto, Freud propõe o método da *livre fantasia* (*freie Einfälle*) ou das livres associações (*freie Assotioationen*) das imagens latentes do sonho, objeto de análise. É necessário dar plena liberdade ao seu psiquismo, é necessário atenuar todas as instâncias inibitórias e críticas da nossa consciência: deixa-se que venha à cabeça seja lá o que for, os pensamentos e imagens mais absurdos, à primeira vista

1. Freud, *A Interpretação dos Sonhos*, p. 80 e ss. Estes às vezes são chamados de *resíduos* do dia (Tagesreste) em função das suas relações com as impressões de vigília.

sem nenhuma relação com o sonho analisado; é necessário fazer-se totalmente *passivo* e dar livre acesso a tudo o que chegue à consciência, mesmo que isso pareça absurdo, sem sentido ou sem relação com o assunto; é necessário apenas que se tente captar pela atenção tudo o que surge *por via não arbitrária* no psiquismo[2].

Passando a esse trabalho, notamos imediatamente que ele encontra forte *resistência* da nossa consciência: surge algum *protesto interior* contra semelhante interpretação dos sonhos, e esse protesto assume diversas formas: ora nos parece que o conteúdo manifesto do sonho já é compreensível por si e dispensa quaisquer explicações, ora, ao contrário, achamos o nosso sonho tão absurdo que nele não pode haver qualquer sentido; por último, criticamos as ideias e imagens que nos vêm à cabeça e as recalcamos nos momentos do surgimento como casuais e sem relação com o sonho. Noutros termos, *sempre procuramos preservar e observar o ponto de vista da consciência legal*, em nada queremos abrir mão das leis que regem esse território superior do psiquismo.

Para *abrirmos caminho rumo aos sentidos latentes do sonho*, precisamos *superar essa resistência obstinada* porque ela é precisamente aquela força que, na qualidade de censura, deformou o verdadeiro conteúdo (os pensamentos latentes) do sonho. Até agora essa força continua inibindo o nosso trabalho; ela mesma é a causa do fácil e rápido esquecimento dos sonhos e daquelas deformações involuntárias a que nós os sujeitamos ao rememorá-los. Mas a existência da resistência é um indicador muito importante: onde ela existe, há, indiscutivelmente, uma pulsão "não censurada", recalcada, tentando irromper na consciência; por isso foi mobilizada a força da resistência. São *as formações de compromisso*, isto é, as imagens manifestas do sonho, que substituem essa pulsão recalcada na única forma censurada admissível.

Quando a resistência é finalmente superada em todas as suas manifestações, os pensamentos e imagens livres que passam pela consciência – tudo indica que fortuitos e desconexos – vêm a ser os elos da cadeia pela qual se pode chegar à pulsão recalcada, isto é, ao conteúdo latente do sonho. Essa resistência acaba mascarada pela realização do desejo[3], o mais das vezes, porém, não sempre *erótico*[4] e frequentemente erótico-infantil. As imagens do sonho latente são representações substitutivas – *símbolos* – dos objetos do desejo ou, em todo caso, têm alguma relação com a pulsão recalcada.

São muito complexas as leis de formação desses símbolos substitutivos dos objetos da pulsão recalcada. O objetivo que os determina consiste, por um lado, em conservar alguma *ligação*, ainda que dis-

2. Freud, *A Interpretação dos Sonhos*, p. 83-87.
3. Idem, p. 101 e ss.
4. Cf. *Handwörterbuch*, p. 616.

tante, com a representação reprimida e, por outro, assumir uma forma perfeitamente *legal*, correta e aceitável para a consciência. Isto se consegue pela fusão de algumas imagens em uma imagem mista; pela introdução de várias imagens-elos mediadoras vinculadas tanto à representação recalcada quanto à representação latente no sonho; pela introdução de imagens de sentido diametralmente opostos; pela transferência dos afetos e emoções dos seus objetos reais para outros detalhes indiferentes do sonho; pela transformação dos afetos no seu oposto etc.

É essa a técnica de formação dos símbolos do sonho.

Que importância têm essas imagens-símbolos substitutivas do sonho? A que servem esses compromissos da consciência com o inconsciente, do permitido com o proibido (mas sempre desejado)? Servem de *respiradouros* para as pulsões recalcadas, permitem *erradicar parcialmente* o inconsciente e com isso limpar do psiquismo as energias reprimidas em suas profundezas.

A criação de símbolos é uma compensação parcial pela recusa à satisfação de todas as pulsões e desejos do organismo sob pressão do princípio de realidade; é uma libertação compromissada parcial da realidade, uma regressão ao paraíso infantil com o seu "tudo é permitido" e com sua satisfação alucinatória dos desejos. O próprio estado biológico do organismo durante o sono é uma repetição parcial da situação do feto no ventre materno. De forma inconsciente, é claro, tornamos a representar esse estado, representamos a regressão ao seio materno: ficamos despidos, enrolamo-nos no lençol, encolhemos as pernas, curvamos o pescoço, ou seja, recriamos a posição fetal; o organismo se fecha a todas as excitações e influências externas; por último, os sonhos, como vimos, restauram parcialmente o poder do princípio de prazer.

A INTERPRETAÇÃO DOS SONHOS

Esclareçamos o que acaba de ser dito tomando como exemplo a análise de um sonho efetuada pelo próprio Freud[5].

O sonho é de um homem que perdeu o pai há muitos anos. Eis o *seu conteúdo manifesto* (*manifester Inhalt*):

"O pai morreu, mas foi exumado e está com uma aparência ruim. Depois disso continua a viver, e o sonhador faz tudo o que está ao seu alcance para que o morto não note isso". Depois o sonho se transforma em outras manifestações, pelo visto sem nada em comum com essa questão.

O pai morreu, e estamos sabendo. A informação de que *ele foi exumado* não corresponde à realidade, que deve ser considerada tam-

5. Freud, *Conferências Introdutórias sobre Psicanálise*, tomo 1, p. 195 e ss.

bém em relação a tudo o que se segue. Mas o sonhador conta que, quando retornou do enterro do pai, um dente começou a doer. Ele quis tratar esse dente conforme a prescrição de uma doutrina religiosa judaica: "se um dente te incomoda, mande arrancá-lo". E ele procurou um dentista. Mas este lhe disse: "esse dente não deve ser arrancado, você precisa apenas aguentar um pouco. Vou pôr alguma coisa para matar o nervo, daqui a três dias você volta e eu tiro o que pus lá".

Essa extração – disse de repente o sonhador – é uma extirpação.

Será que ele está certo? Na verdade, apenas parcialmente, uma vez que não se extrai o próprio dente, mas dele apenas se retira alguma coisa que está morta. Mas semelhantes imprecisões podem ser cometidas com o trabalho dos sonhos com base no que sabemos de outras análises. Neste caso, o sonhador condensou, fundiu numa só coisa o pai morto e o dente morto, mas mesmo assim conservado. E não há nada surpreendente que no conteúdo manifesto do sonho tenha acontecido algo absurdo, porque não pode adequar-se ao pai tudo o que se pode dizer sobre o dente. Mas em que consiste essa *tertium comparationis*[6] entre o dente e o pai que toma possível a condensação?

Sem novas indagações, o sonhador começa a narrar sobre a doença e a morte do pai e as suas relações com ele. O pai passou longo tempo doente, os cuidados e o tratamento custaram muito dinheiro a ele, o filho. E mesmo assim ele não lamentou nada, nunca perdeu a paciência, nunca desejou que tudo terminasse mais rápido. Jactava-se de que havia revelado em relação ao pai a verdadeira piedade judaica e cumprido rigorosamente todas as exigências da lei judaica.

Contudo, será que não nos salta à vista a contradição nos pensamentos relacionados ao sonho? Ele identificou o pai com o dente. Em relação ao dente ele desejou agir segundo a lei judaica, que reza que o dente deve ser extraído se causa desassossego e dor. Mas em relação ao pai ele também quis agir segundo a prescrição da lei, que, entretanto, exige neste caso que não se dê atenção nem ao desassossego nem aos gastos, que se assuma todo o fardo e não se permitam quaisquer pensamentos hostis em relação ao objeto causador da dor. Por acaso a semelhança não seria bem mais indubitável se ele efetivamente tivesse revelado em relação ao pai doente os mesmos sentimentos revelados em relação ao dente doente, isto é, se tivesse desejado que a morte repentina pusesse fim à sua existência excessivamente sofrida?

Não duvido de que tenha sido precisamente essa a sua relação com o pai durante a longa doença e que as afirmações jactanciosas sobre a sua piedade de temente a Deus visassem a desviar a atenção dessas lembranças. Em tais condições, costuma surgir o desejo de

6. Terceiro conceito, que serve de base à comparação de dois conceitos.

morte daquilo que nos causa todos esses sofrimentos, e esse desejo se esconde atrás da máscara dos pensamentos de compaixão, por exemplo: essa era a única salvação para ele. Mas observem que, neste caso, nos pensamentos mais latentes do sonho nós atravessamos alguma fronteira. Sem dúvida, a primeira parte deles foi inconsciente só temporariamente, isto é, só no período da formação do sonho. Mas os movimentos psíquicos hostis ao pai provavelmente se acumularam no "inconsciente" do paciente ainda na infância, e durante a doença do pai ficaram mascarados, vez por outra esgueirando-se no sentido da consciência. Com mais convicção ainda, podemos afirmar isto com relação a outros pensamentos latentes, que, sem dúvida, participam do conteúdo do sonho. É verdade que não se pode encontrar no sonho nada que sugira sentimentos hostis pelo pai. Mas se examinarmos até às raízes tais sentimentos pelo pai na infância, nós nos lembraremos de que o medo surge diante do pai porque desde a tenra idade este se contrapõe às manifestações sexuais do menino (o complexo de Édipo – V. V.). A mesma situação costuma repetir-se por motivos sociais na idade subsequente à puberdade. Semelhante relação com o pai se verifica em pessoas que tiveram esse tipo de sonho: em seu amor ao pai se misturaram muita estima e medo, decorrentes do temor inicial resultante de manifestações sexuais.

As situações ulteriores do sonho manifesto se explicam pelo complexo do onanismo (conjunto de experiências emocionais vinculadas ao onanismo infantil. V. V.). "*Ele está com uma aparência ruim*" – isso parece referir-se às palavras do dentista, segundo as quais você fica com aparência ruim quando perde um dente nesse lugar. Mas, ao mesmo tempo, isso se refere também à má aparência graças à qual o jovem se denuncia ou teme que se manifestem os seus excessos sexuais durante a chegada da puberdade. Não foi sem alívio para si mesmo que o sonhador transferiu essa má aparência de si para o pai, caso bastante frequente no trabalho dos sonhos[7]. O "*depois disso ele continua a viver*" coincide com o desejo de ressuscitar o pai e com a promessa do dentista de que o dente vai ficar curado. Mas a oração foi composta de modo especialmente hábil – "*o sonhador faz tudo o que está ao seu alcance para que ele (o pai) não note isso*" –, calculando suscitar em nós o desejo de acrescentar que ele morreu. Mas o único acréscimo razoável decorre do complexo do onanismo, onde é natural que o jovem faça tudo o que pode para ocultar do pai a manifestação da sua vida sexual.

Agora você está vendo como se formou esse sonho incompreensível. Houve uma condensação estranha, que leva a um equívoco:

7. Freud chama de *trabalho do sonho* o processo em que os pensamentos latentes do sonho se transformam no conteúdo manifesto e são revelados através da interpretação dos sonhos.

todas as imagens desse sonho decorrem de pensamentos latentes e se constituíram numa formação ambivalente substitutiva.

Assim se processa a interpretação psicanalítica dos sonhos.

Também nesses exemplos o método da livre fantasia permitiu desvendar todas as formações intermediárias – o dente doente e a necessidade da sua extração – que fundem as imagens manifestas do sonho – *o pai exumado* – com a pulsão inconsciente recalcada – *o desejo infantil de eliminação do pai.* Os pensamentos latentes desse sonho – a hostilidade ao pai e o desejo de eliminá-lo – estão de tal forma mascarados nas imagens manifestas do sonho que este satisfaz plenamente as exigências morais mais rigorosas da consciência. Tudo indica que o paciente de Freud poderia facilmente concordar com semelhante interpretação do sonho.

Esse sonho é interessante porque seus pensamentos latentes (isto é, os desejos secretos) dão vazão às hostilidades ao pai, acumuladas no "inconsciente" durante toda a vida do paciente. O sonho condensa as pulsões hostis inconscientes de três períodos de sua vida – do complexo de Édipo, da puberdade (o complexo do onanismo) e, por último, do período da doença e da morte do pai. Em todo caso, nesse sonho a sonda do onanismo vai ao *fundo* propriamente dito – às pulsões infantis do complexo de Édipo.

O SINTOMA NEURÓTICO

Freud também aplica os mesmos métodos na análise de outras modalidades de formações de compromisso, antes de tudo no estudo dos *sintomas patológicos* de diversas doenças nervosas porque ele chegou à interpretação dos sonhos partindo das necessidades da psiquiatria e procurando usar o sonho como sintoma. Se o método foi elaborado, lapidado e burilado nas análises dos sonhos, então os sintomas das doenças nervosas se constituíram claramente na matéria principal para as conclusões sobre o inconsciente.

É evidente que não podemos nos aprofundar minimamente nesse campo interessante mas específico, razão por que nos limitaremos a algumas palavras sobre a aplicação do método freudiano em psiquiatria.

Em uma sessão de psicanálise, o paciente deve informar ao médico tudo o que lhe vem à cabeça a respeito dos sintomas e das circunstâncias de sua doença. Neste caso e na interpretação dos sonhos, a tarefa principal é *superar a resistência* imposta pela consciência do paciente. Ao mesmo tempo, porém, essa resistência serve de importante indicador ao médico: onde ela se manifesta de modo sobretudo tempestuoso na alma do paciente é que se encontra o seu "ponto nevrálgico", que deve tornar-se área principal de trabalho do médico porque todos sabemos que, *onde há resistência, há recalque.* A tarefa do médico é vasculhar *os complexos recalcados* na psique do doente, uma vez que a raiz de todas as doenças nervosas está no *recalque malogrado* de algum complexo infantil especialmente forte do paciente (mais amiúde do complexo de Édipo). Descoberto o complexo, é necessário deixar que ele, por assim dizer, se resolva na consciência do paciente. Para tanto este deve, antes de mais nada, *aceitar* o complexo e depois, auxiliado pelo médico, erradicá-lo em todos os aspectos, ou seja, transformar o *recalque* (Verdrängung) *espontâneo* malogrado desse complexo em *censura* (Verurteilung) *racional consciente*. Assim se obtém a cura.

PSICOPATOLOGIA DA VIDA COTIDIANA

Freud aplicou o método psicanalítico a toda uma série *de fenômenos disseminados do cotidiano* como os lapsos, esquecimentos de nomes, atos falhos etc. Na análise, todos esses fenômenos vieram a ser formações de compromisso do mesmo tipo que os sonhos e os sintomas patológicos. A tais fenômenos Freud dedicou a *Psicopatologia da Vida Cotidiana*. Vejamos alguns exemplos desse campo.

Certa vez, o presidente da câmara de economia da Áustria abriu a sessão com as seguintes palavras: "Senhores, eu reconheço a existência de um número legal de membros e por isso declaro encerrada a sessão".

Ele, é claro, deveria dizer "aberta". A que se deve tal lapso? A sessão não lhe prometia nada de bom: do fundo da alma ele a queria ver já encerrada. E esse desejo, que ele naturalmente nunca reconheceria, interrompeu o fluxo do discurso e provocou a sua deturpação, contrariando a vontade e a consciência[8].

Outro exemplo. Começando um discurso um professor quis dizer: "não estou apto (*left bin nicht geeignet*) a avaliar todos os méritos do meu respeitável antecessor", mas em vez disso declarou: "não estou propenso (*Ich bin nicht geneigt*) a apreciar todos os méritos" etc. Assim, em vez da palavra *geeignet* (inapto), empregou por erro a palavra de sonoridade muito semelhante *geneit* (não propenso). O sentido acabou sendo bem diferente, mas traduziu justamente a má vontade inconsciente do professor em relação ao seu antecessor na cátedra.

Processos semelhantes ocorrem nos casos de esquecimento de certas palavras e nomes próprios. Quando tentamos recordar algum nome que esquecemos, à nossa consciência sempre afloram outros nomes ou pensamentos de alguma maneira vinculados ao nome esquecido. Esses nomes e pensamentos que afloram involuntariamente são análogos às *imagens substitutivas* dos sonhos. Através delas poderemos chegar ao esquecido. Em tais casos sempre se verifica que a

8. Cf. *Psicopatologia da Vida Cotidiana*.

causa do esquecimento foi alguma lembrança para nós desagradável, ligada por associação a um nome esquecido. Foi ela que arrastou para o "abismo do esquecimento" esse nome totalmente inocente. Vejamos um dos exemplos citados por Freud: "Certa vez um senhor desconhecido me convidou para tomar um copo de vinho italiano com ele no hotel. Mas acontece que ele esqueceu o nome do vinho que queria tomar, e esqueceu apenas porque para ele o nome era especialmente memorável. A partir de um grande número de pensamentos "substitutivos" que lhe ocorreram no lugar do nome esquecido, pude concluir que ele o havia esquecido graças a alguma Edwiges. Ele não só confirmou que tomara aquele vinho pela primeira vez em companhia de uma mulher chamada Edwiges como, graças a esse nome, lembrou-se no mesmo instante do nome do vinho. Na época em que isso acontecera ele era casado e feliz no casamento, e a Edwiges estava relacionada à época de sua vida de solteiro, que ele recordava a contragostos[9].

Desse modo, a mesma conhecida dinâmica psíquica da luta e dos compromissos da consciência com o inconsciente penetra, segundo Freud, todos esses fenômenos da vida cotidiana.

O campo seguinte de aplicação do método psicanalítico são as formações ideológicas no sentido mais restrito do termo: os mitos, a arte, as ideias filosóficas e, por último, os fenômenos sociais e políticos. Este é o tema do próximo capítulo.

9. Freud, *Conferências Introdutórias sobre Psicanálise*, p. 115.

6. A Filosofia da Cultura em Freud

A CULTURA E O INCONSCIENTE

Segundo a teoria de Freud, toda a criação ideológica medra das mesmas *raízes psicorgânicas* que o sonho e o sintoma patológico; a essas raízes podem resumir-se integralmente tanto a composição quanto a forma e o conteúdo. Cada momento da construção ideológica é *biologicamente determinado* com rigor. É o produto do compromisso da luta de forças no interior do organismo, o índice de equilíbrio de forças atingido nessa luta ou de prevalência de uma sobre a outra. À semelhança de um sintoma de neurose ou de uma ideia delirante, a construção ideológica haure forças das profundezas do inconsciente, mas, diferente dos fenômenos patológicos, estabelece um compromisso *mais estável e sólido* entre a consciência e o inconsciente, igualmente vantajoso para ambas as partes, razão por que é benéfico para o psiquismo humano[1].

Na filosofia da cultura de Freud encontramos todos os "mecanismos psíquicos" que já conhecemos, e é por isso que seu exame ocupará algum tempo.

1. O freudiano Jung aponta várias coincidências surpreendentes entre as fantasias do doente de *Dementia praecox* (demência juvenil) e os mitos dos povos primitivos.

O MITO E A RELIGIÃO

A criação de *imagens mitológicas* é absolutamente análoga ao trabalho do sonho. O mito é o sonho coletivo de um povo. As imagens do mito são símbolos substitutivos de pulsões recalcadas no inconsciente. Na mitologia têm importância especialmente grande os motivos vinculados ao vivenciamento e ao recalque do complexo de Édipo. O famoso mito grego em que Cronos devora os filhos, é castrado por Zeus e salvo pela mãe que o escondeu no ventre (o retomo ao seio materno), é um dos exemplos mais típicos dessa espécie. É plenamente clara a origem de todos os símbolos desse mito no complexo de Édipo. Associa-se a esse mesmo grupo a lenda da luta entre pai e filho, disseminada entre todos os povos: as lutas de Hildebrand com Hudibrand no epos germânico, de Rustem e Zorab no persa, de Iliá Muromietz com o filho nas *bilinas** russas, são variações do mesmo tema eterno: *a luta pela posse da mãe.*

Os sistemas religiosos são bem mais complexos. Aí, ao lado dos complexos recalcados de pulsões sexuais, o "Ideal do Ego" desempenha um papel muito grande. E o mesmo complexo de Édipo é o solo para alimentar o desenvolvimento das ideias e cultos religiosos. Dependendo do elemento que venha a prevalecer nas experiências emocionais religiosas – seja *a atração pela mãe ou as proibições e a vontade do pai* (o "Ideal do Ego"), o freudismo subdivide as religiões em matrilineares e patrilineares. Exemplos típicos das primeiras são as religiões orientais de Ashtart, Baal etc. A expressão mais genuína da religião patrilinear é o *judaísmo* com suas proibições, seus mandamentos e, por último, a circuncisão (símbolo da interdição imposta pelo pai às pulsões incestuosas do filho).

Passemos à arte.

A ARTE

O próprio Freud aplicou o método de interpretação dos sonhos e dos sintomas, antes de tudo, às manifestações estéticas do *chiste e dos gracejos*[2].

A forma dos gracejos é regida pelas mesmas leis que criam a estrutura formal das imagens do sonho, isto é, as leis da formação das representações substitutivas: o mesmo mecanismo para contornar o legal por meio da fusão de representações e palavras, da substituição de imagens, da ambivalência verbal, da transferência do significado de um plano para outro, do deslocamento das emoções etc.

* Canção popular épica russa. (N. do T.)

2. Freud, *Der Witz und seine Beziehung zum Unbewussten* (1921), 111, Auflage. Há uma tradução russa.

A tendência do chiste e do gracejo *é contornar a realidade*, libertar da *seriedade da vida* e dar vazão às pulsões infantis recalcadas, sexuais ou agressivas.

Os chistes sexuais surgiram da indecência como seu substituto estético. O que é indecência? Um *sucedâneo* da ação sexual, do prazer sexual. A indecência visa à mulher, à sua presença ainda que seja imaginária. Pretende *iniciar* a mulher *na excitação sexual*. É o procedimento da sedução. A nomeação de objetos indecentes é um sucedâneo da sua visão, da exibição ou do tateamento. Paramentando-se em forma de chiste, a indecência mascara ainda mais a sua tendência, tornando--a mais aceitável à consciência cultural. Uma boa brincadeira precisa de ouvinte; seu objetivo não é apenas contornar a proibição, mas também cativar esse ouvinte, cativá-lo com o riso, criar no ridente um aliado e assim como que *socializar* o pecado.

Nos chistes agressivos, liberta-se sob o manto da forma artística a hostilidade infantil a toda e qualquer lei, à instituição, ao Estado, ao casamento, para os quais se transfere a *relação inconsciente com o pai e a autoridade do pai* (o complexo de Édipo) e, por último, a hostilidade a qualquer outra pessoa (*a autossuficiência infantil*).

Assim, o chiste é apenas um respiradouro para as energias reprimidas do inconsciente, isto é, acaba lhe servindo e sendo dirigido por ele. As necessidades do inconsciente criam a forma e o conteúdo do chiste.

No próprio Freud não há mais trabalhos dedicados especialmente às questões da arte. A elaboração posterior desse campo coube aos seus seguidores, principalmente a Otto Rank.

Segundo os freudianos que escreveram sobre arte, toda imagem artística sempre apela para o inconsciente, mas de uma forma que engana e tranquiliza a consciência. Trata-se de um engano benéfico: ele permite erradicar os complexos universalmente humanos sem criar conflitos graves na consciência.

Em todas as modalidades de arte têm especialmente grande importância os *símbolos eróticos*. Por trás da imagem artística aparentemente mais inocente e comum, se a decodificarmos, aparece algum objeto erótico. Tomemos um exemplo tirado da literatura russa. O professor moscovita Iermakov aplicou o método psicanalítico à interpretação da famosa novela de Gógol, *O Nariz*. Segundo Iermakov, o nariz vem a ser um símbolo substitutivo do pênis; todo o tema da perda do nariz e alguns motivos de sua elaboração se baseiam no chamado "*complexo de castração*", estreitamente vinculado ao complexo de Édipo (a ameaça do pai): *o pavor da perda do pênis ou da potência sexual*[3]. Achamos dispensável multiplicar os exemplos.

3. Prof. Iermakov, *Ótcherki po pslkhologuii gógolskovo tvórtchestva* (Esboços de Psicologia da Obra de Gógol).

Mas não é só do "Id" inconsciente que a arte haure suas forças: o inconsciente "Ideal do Ego" também pode ser sua fonte. Assim, *o sentimento inconsciente de culpa* é um dos motivos centrais de Dostoievski; *a cruel exigência ética feita ao homem* no Tolstói do período tardio e outros motivos familiares do campo do "Ideal do Ego" podem alimentar a criação artística, embora esses motivos assumam maior importância nas construções filosóficas e não na arte.

Assim, todo o aspecto de conteúdo em arte se extrai de *premissas psicologicamente individuais*; ele reflete o jogo das forças psíquicas na alma individual do homem. Não sobra espaço para refletir a existência socioeconômica com suas forças e conflitos. Onde em arte encontramos imagens tomadas ao mundo das relações econômicas e sociais, essas imagens têm significado apenas substitutivo: por trás delas, como por trás do nariz do major Kovalióv*, esconde-se algum complexo erótico individual.

Quanto às questões da forma artística e sua técnica, os psicanalistas ou a contornam inteiramente com o silêncio, ou explicam a forma do ponto de vista da velha *lei do menor esforço*. É formalmente artístico o que exige do observador o mínimo dispêndio de energia na obtenção do resultado máximo. *Esse princípio da economia* (é verdade que em forma mais sutil) foi aplicado por Freud na análise da técnica dos chistes e anedotas.

AS FORMAS DA VIDA SOCIAL

A esta altura cabe abordar brevemente a teoria psicológica da *origem das formas sociais*. Freud dedicou aos fundamentos dessa teoria um dos seu últimos livros: *Massenpsychologie und Ich-Analyse*.

No centro de toda essa teoria psicossociológica se encontram o já conhecido *mecanismo de identificação* e o campo inconsciente do "Ideal do Ego".

Vimos que o "Ideal do Ego" (o conjunto de exigências inconscientes, imperativos do dever, da consciência etc.) se forma na alma humana através da identificação (auto-identificação) *com o pai* e outros objetos do amor na tenra idade, *inacessíveis* ao domínio. Existe um importante campo de manifestação do "Ideal do Ego", que até agora não tivemos oportunidade de abordar. Sabe-se que um homem apaixonado tende, na maioria dos casos, a atribuir ao objeto amado toda sorte de méritos e perfeição que esse objeto de fato não tem. Nestes casos, dizemos que o homem idealiza o objeto do seu amor. Esse *processo de idealização é inconsciente*: porque o próprio amante está absolutamente convencido de que todos esses méritos pertencem de fato ao próprio objeto, e não suspeita do caráter subjetivo do pro-

* Personagem central da novela *O Nariz* de Gógol. (N. do T.)

cesso de idealização que se realiza somente na sua alma. Demais, pode-se idealizar não só o objeto do amor sexual no sentido restrito do termo; frequentemente idealizamos o nosso mestre, o chefe, um escritor ou pintor querido (superestimamos os seus méritos e não vemos os seus deméritos); por último, podemos idealizar inclusive alguma instituição ou ideia. Em suma, o campo da possível idealização é muito amplo.

Qual é o mecanismo psíquico da idealização? Podemos dizer que o processo de idealização é inverso à formação do "Ideal do Ego": ali assimilamos o objeto e o enriquecemos com a nossa alma, aqui, ao contrário, *investimos no objeto uma parte de nós mesmos, precisamente o nosso "Ideal do Ego ", enriquecendo o objeto e empobrecendo a nós mesmos.* No caso da corriqueira paixão erótica, esse processo vem a ser incompleto na maioria dos casos. Mas se alienamos inteiramente o nosso "Ideal do Ego" em proveito do objeto ou, em outros termos, *colocamos o objeto externo* no lugar do "Ideal do Ego", nós nos privamos de qualquer possibilidade de arrostar a vontade e o poder desse objeto. De fato, o que podemos lhe contrapor? Porque ele ocupou o lugar do nosso "Ideal do Ego", lugar da instância crítica em nós, lugar da nossa consciência! A vontade de tal autoridade é indiscutível. Assim se formam a autoridade e o poder do líder, do sacerdote, do Estado, da Igreja[4].

Dessa maneira, no período do complexo de Édipo, a voz do pai, depois de penetrar no íntimo da pessoa e tornar-se ali voz interior da sua consciência através de um processo inverso, torna a exteriorizar-se e se converte em voz da autoridade externa, respeitada de forma indiscutível e supersticiosa[5].

Segundo Freud, nesse mesmo processo de substituição do "Ideal do Ego" pela personalidade de outro indivíduo se baseiam também os *fenômenos da hipnose*. O hipnotizador se apossa do "Ideal do Ego" do paciente, coloca-se no lugar desse "Ideal" e daí dirige facilmente o fraco "Ego" consciente da pessoa.

Mas, é claro, essa relação individual da pessoa isolada com o portador da autoridade – o líder, o sacerdote etc. ainda não esgota a organização social. Porque, além dessa relação, existe ainda uma estreita *coesão social* entre todos os membros da tribo, da Igreja e do Estado. Como se explica isso? Pelo mesmo mecanismo de identificação. Graças ao fato de todos os membros da tribo terem transferido o seu "Ideal do Ego" para um mesmo objeto (o líder), não lhes resta outra coisa senão identificar-se mutuamente, tornar-se iguais uns aos outros, nivelar as suas diferenças. Assim se forma a tribo.

4. *Massenpsychologie und Ich-Analyse*, 1921, p. 81.
5. Idem, p. 83.

Eis a definição resumida do próprio Freud: a massa primitiva (a coletividade) é um conjunto de indivíduos que no lugar do seu "Ideal do Ego" colocaram o mesmo objeto externo e, consequentemente, identificaram de forma recíproca o seu "Ego"[6].

Como vê o leitor, segundo Freud, a organização social também se explica plenamente por mecanismos psíquicos. As forças psíquicas criam a comunicação, formam-na, dão-lhe solidez e durabilidade. Já a luta contra a autoridade social estabelecida, a revolução política e social, na maioria dos casos, tem suas raízes no "Id": é a sublevação do "Id" contra o "Ideal do Ego", ou melhor, contra o objeto externo que o substitui. Em *todos os campos da criação cultural o nosso "Ego" consciente tem importância menor*. Esse "Ego" defende os interesses da realidade (do mundo exterior) com a qual ele tenta conciliar os desejos e paixões do "Id"; ele é pressionado de cima pelo "Ideal do Ego" com suas exigências categóricas. Dessa maneira, o "Ego" consciente serve a três senhores que se hostilizam (o mundo exterior, o "Id" e o "Ideal do Ego") e procura conciliar os conflitos que surgem permanentemente entre eles. Na criação cultural, *o "Ego" desempenha um papel formal e policial – o patos, a força e a profundidade da cultura criam o "Id" e o "Ideal do Ego"*.

O TRAUMA DO NASCIMENTO

Como já observamos, as tendências sedimentadas no último período de desenvolvimento do freudismo encontraram expressão mais extremada e aguda no livro de Otto Rank, *O Trauma do Nascimento*, espécie de síntese da filosofia freudiana da cultura. É ele que será abordado na conclusão deste capítulo.

Cabe observar que Rank é o discípulo querido de Freud e se considera o freudiano mais ortodoxo. O livro foi dedicado e presenteado ao mestre no dia do aniversário. De modo algum pode ser considerado um fenômeno casual. Ele traduz plenamente o espírito do freudismo nos nossos dias.

Segundo Rank, toda a vida do homem e toda a criação cultural não são outra coisa senão a *erradicação e a superação do trauma do nascimento em vias diversas e por meios diversos*.

O nascimento do homem para o mundo é traumático: o organismo, expelido do seio materno durante o parto, experimenta uma comoção terrível e angustiante que só encontra igual na comoção da morte. O pavor e o sofrimento dessa comoção são também o começo do psiquismo humano, esse fundo da alma. O pavor do nascimento se toma a primeira experiência emocional recalcada, à qual logo se ajustam os recalques subsequentes. O trauma do nascimento é a raiz

6. *Massenpsychologie und Ich-Analyse*, p. 87-88.

do inconsciente e de todo o psíquico. Em toda a vida posterior, o homem não consegue livrar-se do pavor do nascimento.

Mas ao lado do pavor nasce a propensão ao regresso, ao paraíso experimentado do estado intrauterino. Essa sede de retorno e esse pavor são o fundamento da relação ambígua que o homem vive com o seio materno. Ele atrai e afasta. Esse "trauma do nascimento" determina a tarefa e o sentido tanto da *vida pessoal quanto da criação cultural.* O estado intrauterino se caracteriza pela ausência de ruptura entre a necessidade e a sua satisfação, isto é, entre o organismo e a realidade exterior: porque o mundo exterior na própria acepção da palavra não existe para o feto; e o organismo da mãe que lhe dá continuidade imediata ao próprio organismo. Todas as características do paraíso e da idade de ouro nos mitos e sagas, as características da futura harmonia universal nos sistemas filosóficos e revelações religiosas e, por último, o paraíso socioeconômico das utopias revelam nitidamente os traços da sua origem na mesma propensão para a vida intrauterina uma vez vivida pelo homem. *Elas se baseiam na memória vaga e inconsciente do paraíso que realmente existiu,* razão porque agem com tanta força sobre a alma humana; não foram inventadas, mas sua verdade não está no futuro e sim no passado de cada ser humano. É verdade que as portas do paraíso são guardadas por um guardião severo – o pavor do nascimento, que não permite à memória *despertar integralmente* e a obriga a revestir a propensão ao seio materno com diversas imagens e símbolos substitutivos.

O trauma do nascimento se reproduz nos sintomas de doenças: no medo infantil, nas neuroses e psicoses dos adultos. Aqui ele abala o corpo do doente, repetindo improdutivamente (é claro que em forma atenuada) a comoção real vivida no nascimento. Mas aí o trauma não se erradica. Sua efetiva erradicação só é possível pelas vias da criação cultural. Rank define a cultura como *um conjunto de esforços para transformar o mundo exterior em um substituto, em um sucedâneo (Ersatzbildung) do seio materno.*

Toda a cultura e a técnica são simbólicas. Vivemos em um mundo de símbolos, que, no fim das contas, assinalam uma coisa: *o seio materno* (o útero propriamente dito) e os caminhos para ele. O que é a caverna onde o homem primitivo se deixou esquecer? O que é o quarto em que nos sentimos em aconchego? A pátria, o Estado etc.? Tudo são sucedâneos e símbolos do protetor seio materno.

Através da análise das formas arquitetônicas, Rank tenta demonstrar a sua semelhança oculta com o útero. Extrai as formas da arte da mesma fonte – o trauma do nascimento: assim, as estátuas arcaicas com seus corpos arqueados e sentados denunciam de modo inequívoco a *posição do feto.* Só o homem grego da escultura – o atleta que joga livremente no mundo exterior – assinala a superação do trauma. Os gregos foram os primeiros a serem capazes de se sentirem bem no mundo exterior: não tinham a propensão para o escuro e o aconchego do estado intrauterino. Resolveram o enigma da esfinge que, segundo Rank, é o enigma do nascimento do homem.

Desse modo, toda a criação é condicionada pelo ato do nascimento para o mundo seja no aspecto da forma ou do conteúdo. Mas, segundo Rank, o melhor sucedâneo do paraíso, a mais plena compensação do trauma do nascimento é *a vida sexual. O coito é um regresso parcial ao útero.*

Para Rank, a morte também é interpretada pelo homem como um regresso ao útero. O temor, ligado à ideia da morte, repete o pavor do nascimento. As formas mais antigas de sepultamento – o enterro no chão ("mãe-terra"), o morto sentado com as pernas encolhidas (posição do feto), o enterro num barco (alusão ao útero e ao líquido da bolsa), as formas do caixão e, por último, os rituais funerários – tudo isso denuncia uma concepção inconsciente da morte como regresso ao seio materno. A maneira grega de queimar os cadáveres também assinala uma superação mais bem sucedida do trauma do nascimento. As últimas convulsões da agonia, segundo Rank, repetem com precisão as primeiras convulsões do organismo nascente.

Os métodos aplicados por Rank nessa obra são absolutamente subjetivos. Ele não tenta fazer uma análise fisiológica objetiva do trauma do nascimento e de sua possível influência na vida subsequente do organismo. Busca apenas lembranças do trauma nos sonhos, nos sintomas patológicos, nos mitos, na arte, na filosofia.

É peculiar a concepção rankiana das *sessões de psicanálise* como reprodução do ato do nascimento (o próprio emprego psicanalítico delas dura normalmente cerca de nove meses): a princípio a libido do doente se fixa no médico; o gabinete meio escuro (na parte iluminada fica apenas o paciente, ficando o médico na penumbra) representa para o paciente o útero da mãe. O término do tratamento reproduz o trauma do nascimento: o paciente deve libertar-se do médico e assim compensar a sua separação traumática da mãe uma vez que o trauma do nascimento é a última fonte de todas as doenças nervosas.

Neste ponto podemos concluir a exposição do freudismo. O livro de Rank preparou de forma magnífica a passagem à parte crítica do nosso trabalho. Ele é um excelente *reductio ad absurdum* de alguns aspectos do freudismo.

Parte III

Crítica ao Freudismo

7. O Freudismo como Variedade da Psicologia Subjetiva

O FREUDISMO E A PSICOLOGIA MODERNA

No segundo capítulo deste livro caracterizamos as duas tendências centrais da psicologia moderna: *a subjetiva e a objetiva*. Cabe agora responder de forma minuciosa e precisa a qual das duas deve-se associar o freudismo[1].

Infelizmente, nem Freud nem os freudianos jamais tentaram elucidar de modo minimamente preciso e minucioso a sua relação com a psicologia de sua época e com os métodos por ela aplicados. Trata-se de uma grande falha do freudismo. A escola psicanalítica, que inicialmente foi objeto da perseguição unânime de todo o mundo científico, fechou-se em sua concha e assimilou alguns hábitos sectários do trabalho e do pensamento não muito próprios da ciência. Freud e seus discípulos só citam a si mesmos e só se apoiam em si mesmos; em período mais tardio começaram a citar Schopenhauer e Nietzsche. Porque o resto do mundo quase não existe para eles[2].

1. A literatura crítica sobre Freud é pequena. Além das obras a que já nos referimos, cabe mencionar: Dr. Maag, *Geschtechtsleben und seelische Störrungen* (*Belträge zur Kritik der Psychoanalyse*), 1924; Otto Hinrichsen, *Sexualität und Dichtung*, 1912; Edgar Michaelis, *Die Menschheist-Problematizk der Freudschen Psychoanalyse. Urbild und Maske*, Leipzig, 1925.

2. É preciso dizer também que a ciência oficial até hoje não legalizou inteiramente o freudismo, enquanto nos círculos filosóficos acadêmicos considera-se até coisa de mau tom falar sobre ele. Cf. F. Wittels Z., *Freud der Mann, die Schale, die* 1924-existe tradução russa. *No Panorama da Filosofia Alemã*, de Willy Moog, publicado em 1923,

Portanto, Freud nunca fez uma única tentativa de estabelecer de modo minimamente minucioso e circunstanciado os limites entre sua doutrina e as demais correntes e métodos da psicologia: não é clara a sua relação com o *método introspectivo, com o método experimental em laboratório, com a escola de Würzburg* (Messer e outros), *com a psicologia funcional* (Stumpf e outros), *com a psicologia diferencial* (W. Stern)[3] e, por último, com as novas tentativas dos métodos objetivos do chamado behaviorismo americano. Também não se elucidou a posição de Freud na famosa discussão que deixou preocupados seus contemporâneos psicólogos e filósofos em torno do *paralelismo psicofísico e da causalidade psicofísica*[4].

Quando Freud e seus discípulos contrapõem a sua concepção de psíquico a toda psicologia restante – sem sequer se darem ao trabalho de diferenciar essa psicologia – eles fazem contra ela uma acusação: *de identificar o psíquico com o consciente.* Para a psicanálise, o consciente é apenas um dos sistemas do psíquico.

Será que essa diferença entre a psicanálise e a psicologia restante é efetivamente tão grande que entre elas já não pode haver nada em comum, nem mesmo aquele mínimo de linguagem comum que é indispensável para o ajuste de contas e a demarcação de fronteiras? Tudo indica que Freud e seus discípulos estão convencidos disso.

Mas será mesmo assim?

Infelizmente, *o freudismo efetivamente transferiu para as suas teorias todas as falhas basilares da psicologia subjetiva da sua atualidade.* É fácil nos convencermos disto; basta que não nos deixemos enganar por sua terminologia sectária, mas, em linhas gerais, nítida e certeira.

COMPOSIÇÃO ELEMENTAR DO PSIQUISMO E DO "INCONSCIENTE"

Antes de mais nada, o freudismo assimilou dogmaticamente a velha divisão dos fenômenos psíquicos – que vem de Tetens* e, gra-

não há uma única referência à psicanálise, e Meyer-Freienfels se limita a algumas linhas sobre Freud.

3. Todas essas correntes integram a psicologia subjetiva e são contemporâneas dos primeiro e segundo períodos de desenvolvimento do freudismo.

4. O próprio Freud admite a causalidade psicofísica, mas ao mesmo tempo revela hábitos de paralelista; ademais, todo o seu método se baseia na premissa latente de que se pode encontrar o respectivo equivalente psíquico (no psiquismo inconsciente) para todo o físico, razão por que é possível abandonar imediatamente o físico, trabalhando apenas como os seus substitutos psíquicos.

* Johann Nicolaus Tetens (1736-1807), psicólogo e filósofo alemão. Tentou fundir a análise empírica em psicologia com uma interpretação do psiquismo baseada no racionalismo de Leibniz e Wolff. Para ele, em psicologia devia-se partir da introspecção e dividir empiricamente os fenômenos psíquicos em representações, vontade e sentimentos. (N. do T.)

ças a Kant, ganhou reconhecimento geral – em vontade (desejos, aspirações), sentimento (emoções, afetos) e conhecimento (sensações, representações, pensamentos); observe-se que ele conserva até as mesmas definições dessas potencialidades aplicadas pela psicologia da sua época e, como veremos, a mesma diferenciação ali praticada. De fato, se examinarmos a *composição elementar* do psiquismo como a concebe o freudismo, veremos que ela se forma de sensações, representações, desejos e sentimentos, isto é, dos mesmos elementos de que se constitui também a "vida psíquica" na velha psicologia. Consecutivamente, Freud transfere de modo totalmente acrítico todos esses elementos psíquicos – e ainda por cima em sua forma corriqueira –para o campo do inconsciente: e aí encontramos os desejos, os sentimentos, as representações.

Acontece, porém, que esses elementos da vida psíquica só existem *para a consciência*. Porque a velha psicologia decompunha o psíquico em componentes elementares com o auxílio do corriqueiro método introspectivo, que em sua forma habitual – como afirma o próprio Freud – é totalmente incapaz de nos levar além da "consciência oficial".

De fato, a introspecção é inteiramente consciente. Até os psicólogos subjetivistas, através de alguns de seus representantes, já afirmavam muito antes de Freud que a introspecção é, por um lado, parcial (não pode livrar-se das avaliações) e, por outro, *racionaliza* demasiadamente a vida psíquica e por isso os seus testemunhos requerem uma elaboração substancial. Mas, em todo caso, a introspecção só é possível do ponto de vista da consciência. A velha psicologia desconhecia outro ponto de vista e por isso identificava o psíquico com o consciente.

Desse modo, fica claro que o desmembramento do psíquico nos elementos de sentimento, vontade e conhecimento não foi ditado à velha psicologia senão pela consciência. O ponto de vista da consciência é o condutor no lançamento dessas bases da psicologia subjetiva.

Mas será que temos o direito de construir o inconsciente por analogia com a consciência e supor nele exatamente os mesmos elementos que encontramos na consciência? Nada nos dá esse direito. Abandonada a consciência, passa a não ter absolutamente nenhum sentido conservar sentimentos, representações e desejos.

Quando o homem motiva subjetiva e conscientemente os próprios atos não pode, evidentemente, evitar referência aos seus desejos, sentimentos e representações; mas quando nós começamos a analisar esses atos de forma objetiva, procurando manter coerentemente e até o fim o ponto de vista da nossa experiência, não encontramos semelhantes elementos em nenhum ponto da composição do comportamento: a experiência objetiva externa deve apoiar-se em componentes *materiais* elementares do comportamento inteiramente diversos, que nada têm em comum com os desejos, sentimentos e representações.

Assim, só à luz da autoconsciência subjetiva o quadro da nossa vida psíquica se nos apresenta como luta de desejos, sentimentos e representações. Já a respeito das forças objetivas reais, que servem de base à essa luta, a autoconsciência nada nos pode dizer. Se em simples desejos e sentimentos colocamos o rótulo de "inconscientes" e não de "pré-conscientes" e "conscientes", nós só caímos em contradição interna com nós mesmos e não vamos além da autoconsciência subjetiva e do quadro da vida psíquica que só para ela se descortina. Ao recusar-se o ponto de vista da autoconsciência, é necessário que se recuse todo esse quadro e os elementos que o compõem, é necessário que se busque apoio inteiramente diverso para a compreensão do psiquismo. É assim mesmo que faz a psicologia objetiva. Já Freud tenta erigir com os velhos tijolos subjetivos um quase-edifício objetivo inteiramente novo do psiquismo humano. O que é o "desejo inconsciente" senão o mesmo tijolo velho apenas com posição invertida?

O SUBJETIVISMO DA "DINÂMICA" PSÍQUICA

Mas o freudismo faz pior ainda: não só transfere para o inconsciente os elementos da consciência, como *conserva neles, até no inconsciente, toda a plenitude da sua diferenciação material e a precisão lógica*: para Freud, o inconsciente vem a ser um universo muito expressivo e diverso, onde todas as representações e imagens correspondem com absoluta exatidão a determinados objetos, todas as representações e desejos estão seguramente orientados e os sentimentos conservam toda a riqueza dos seus matizes e das mais sutis conversões.

Observemos o trabalho da censura. Freud a considera um "mecanismo" que funciona de modo totalmente inconsciente (como o leitor está lembrado, a consciência, além de não controlar o trabalho da censura, nem chega a suspeitar da sua existência). Mas com que sutileza esse "mecanismo inconsciente" adivinha todos os matizes lógicos dos pensamentos e as nuanças morais dos sentimentos! A censura revela uma imensa competência ideológica e requinte; produz entre as experiências emocionais uma seleção puramente lógica, ética e estética. Será isso compatível com a sua estrutura inconsciente, *mecânica?*

Esse mesmo caráter sumamente "consciente" e ideológico é revelado por todos os demais "mecanismos psíquicos" de Freud (por exemplo, o mecanismo da transferência que o leitor já conhece); de fato, o que há menos neles é o mecânico. Não são nada naturais, mas *ideológicos*.

CRÍTICA À TEORIA DAS ZONAS ERÓGENAS

Assim, o inconsciente não aproxima minimamente o psíquico da natureza material; sua inserção em nada nos ajuda a vincular a regularidade psíquica à regularidade objetiva natural. O divórcio entre o subjetivo-interior e o material em psicanálise permanece o mesmo que se verifica na psicologia da consciência.

É claro que todas essas dificuldades metodológicas, inevitavelmente vinculadas a essa ruptura da unidade e da continuidade da experiência objetiva externa, surgem também para o freudismo. Ocupando uma posição subjetiva, a psicanálise abriu mão do enfoque direto e imediato do material. Nada tem a fazer com ele: resta-lhe ignorá-lo inteiramente ou dissolvê-lo no psíquico.

De fato, Freud e seus discípulos jamais operam *diretamente* com a composição material e com os processos materiais do organismo corporal; procuram apenas reflexos do somático no psiquismo, isto é, acabam sujeitando todo o orgânico aos métodos da introspecção, psicologizando-o.

É esse mesmo caráter acentuado da *psicologização do somático* que assume a famosa teoria freudiana das *zonas erógenas* (ou seja, das partes do organismo humano sexualmente excitáveis). Freud não se baseia em nenhuma teoria fisiológica dessas zonas, não tem o menor interesse pela química dessas zonas, por seu vínculo fisiológico com outras partes do corpo. Freud faz uma análise e um estudo abrangente apenas dos seus equivalentes psíquicos, isto é, do papel que, do ponto de vista da sua introspecção, desempenham as representações subjetivas e desejos na vida psíquica do homem.

O lugar e as funções dessa ou daquela zona erógena (da genital, por exemplo) na totalidade física do organismo – a secreção interina das glândulas genitais, sua influência sobre o trabalho e a forma de outros órgãos, sua relação com a constituição do corpo etc. –, tudo isso são processos que se desencadeiam no mundo material exterior e Freud nunca os define nem os leva efetivamente em conta.

Uma questão para a qual Freud não fornece nenhuma resposta é sobre como, na composição material do organismo, o papel de uma zona erógena está vinculado ao papel que ela desempenha no psiquismo subjetivo visto isoladamente. Daí resulta certa duplicação das zonas erógenas: *o seu destino no psiquismo se torna totalmente autônomo e independente do seu destino físico-químico e biológico no organismo material.*

Esses traços da psicanálise se revelam especialmente nítidos quando Freud começa a construir a teoria dos caracteres humanos com base em sua doutrina das zonas erógenas. Abordemos apenas um elemento dessa teoria, que é expressivo por seu subjetivismo.

Freud afirma que o predomínio, na infância, da zona anal (isto é, de uma excitabilidade sexual específica do orifício anal durante a defecação) acarreta a elaboração de determinados traços do caráter que se mantêm por toda a vida do homem. Assim, o erótico anal elabora um traço de parcimônia e mesquinhez pela seguinte via: o desejo infantil de reter as fezes e retardar o processo de defecação para auferir prazer máximo durante sua realização transforma-se no adulto (que teve seu erotismo anal recalcado no inconsciente) em paixão de preservar e acumular ouro (dinheiro), que se parece com fezes.

Nessa teoria não há uma só palavra sobre qualquer um dos fundamentos sociais do caráter, alicerçados na constituição física do homem, nem sobre as influências físicas e sócio-objetivas do ambiente. *Todo o processo de formação do caráter transcorre nos limites do psiquismo subjetivo tomado isoladamente.* Entre a retenção das fezes e a retenção do dinheiro, entre as fezes e o ouro, existe apenas uma semelhança subjetiva bastante forçada, por assim dizer, uma semelhança de impressões, mas não há quaisquer fios materiais e reais que as vinculem na composição material do próprio organismo e do seu ambiente, isto é, que as vincule na experiência objetiva. Desse modo, as zonas erógenas determinam, segundo Freud, o caráter e os atos do homem - uma vez que o caráter é totalmente inseparável da sua expressão material no comportamento humano -, *evitando inteiramente o corpo e a constituição física e todo e qualquer meio material.*

Essa relação de Freud com a composição física do organismo é perfeitamente compreensível. A experiência emocional interior, obtida por meio da introspecção, não pode nem ser vinculada diretamente aos dados da experiência externa objetiva. Só um ou outro ponto de vista pode ser aplicado com plena coerência. No fim das contas, Freud acaba tendendo a aplicar com coerência o ponto de vista subjetivo interior: em suma, toda a realidade exterior vem a ser para ele mero "princípio de realidade" psíquico, que ele coloca *no mesmo plano* com o "princípio de prazer".

Alguns freudianos (Rank, Pfister, Groddeck) afirmam que a psicanálise conseguiu tatear um campo absolutamente específico do ser -não físico nem tampouco psicológico, mas *neutro*, de onde subsequentemente pode surgir, pela diferenciação, tanto o ser físico quanto o psíquico.

É a essa espécie neutra de ser que pertencem as profundezas do inconsciente; só nas suas camadas mais superiores - próximas do pré-consciente - começa a diferenciação do psíquico e do físico.

É evidente que semelhante afirmação é sumamente ingênua em termos filosóficos. Ela omite inteiramente a questão do método, que, no caso dado, é decisiva.

Podemos perguntar: em que experiência está esse "ser neutro" e transcorre o processo de sua diferenciação: na interna ou na externa?

Os referidos freudianos omitem zelosamente essa questão. Mas nós sabemos que não encontramos semelhante ser na experiência externa. Na experiência objetiva, encontramos um processo de extrema *complexificação da organização da matéria* que, em certa fase, acarreta o surgimento do psiquismo como *qualidade nova* da matéria; evidentemente, porém, nunca e em parte alguma encontramos nessa experiência a matéria e o psiquismo se separando de um terceiro elemento. Trata-se de uma ingênua afirmação metafísica que haure seu material da experiência subjetiva interior, mas o reveste de uma fictícia forma neutra.

O FREUDISMO E A BIOLOGIA

Alguns partidários de Freud afirmam, tendo em vista a sua "teoria das pulsões", que a biologia é a base objetiva da psicanálise.

Essa afirmação não se baseia em nada. Estamos mais autorizados a falar de psicologização e subjetivização da psicologia por Freud. O freudismo dissolve no subjetivo-psíquico todas as formas e processos objetivo-biológicos do organismo. Todos os termos biológicos que abundam nas páginas dos livros e artigos de psicanálise perdem aqui a sua consistência objetiva, dissolvendo-se integralmente no contexto psicológico-subjetivo.

Para confirmar essa afirmação, basta que se mencione a classificação das pulsões feita por Freud.

No grupo das *pulsões* do "Ego" (Ichtriebe), Freud reúne todas as pulsões, exceto as sexuais. O princípio escancaradamente subjetivo dessa classificação é perfeitamente claro. É dispensável dizer que, do ponto de vista de uma biologia rigorosa, semelhante classificação é inadmissível. Até para os vitalistas, que nunca reconheceram abertamente que a biologia pudesse ter em algum aspecto algo a ver com o "Ego".

Quanto à segunda classificação das pulsões (do último período), ela já tem caráter metafísico. Eros, que é desprovido de qualquer fonte somática (corpórea) definida e engloba, sem exceção, todas as manifestações da vida orgânica, em nada é superior ao *élan vital* de Bergson ou à "vontade" de Schopenhauer, e a pulsão de morte em nada é superior à atração pelo nirvana.

Assim, *em tudo a psicanálise continua fiel ao ponto de vista da experiência subjetiva interior*. Em termos de princípio metodológico, ela em nada difere essencialmente da psicologia da consciência. Trata-se de outra variedade de psicologia subjetiva e nada mais. Por fim, a psicanálise se baseia em dados da introspecção. É verdade que lhes dá outra interpretação, tenta construir com eles outro quadro do psiquismo humano; contudo, por mais que se interpretem os dados subjetivos, permanecendo no terreno da experiência interior, não se pode conseguir nada de objetivo com eles. Para tanto, é necessário mudar o próprio ponto de vista, mas é justamente o que Freud não faz.

8. A Dinâmica Psíquica como Luta de Motivos Ideológicos e não de Forças Naturais

A NOVIDADE DO FREUDISMO

A esta altura já nos convencemos de que o freudismo é apenas uma das variedades da psicologia subjetiva. Vimos ainda em que consiste o terreno comum no qual ele vai ao encontro de todos os subjetivistas.

Mas a questão não se esgota aí: devemos ainda destacar com nitidez e avaliar de forma correta o que precisamente o *distingue* de outras correntes subjetivistas.

Existe realmente algo novo e original que chega ao paradoxal e impressiona todo aquele que faz seu primeiro contato com o freudismo. O nosso leitor provavelmente também experimentou essa impressão de novidade na medida em que foi acompanhando a exposição da psicanálise. Isto precisa ser entendido.

Quando tomamos conhecimento da doutrina de Freud, o que primeiro salta à vista e permanece como a última e mais forte impressão de toda a sua teoria é, evidentemente, *a luta, o caos, e o infortúnio* da nossa vida psíquica, que atravessam como *leitmotiv* toda a concepção de Freud e que ele mesmo denomina dinâmica psíquica.

Nisto efetivamente reside a diferença essencial entre Freud e todas as outras correntes em psicologia. A vida psíquica na velha psicologia transcorria naquele estado de "sombra e água fresca". Tudo arrumado, no seu lugar, nenhuma catástrofe, nenhuma crise. Do nascimento à morte era o caminho uniforme e plano da evolução tranquila e racional do crescimento gradual da alma. A inocência da criança era substituída pela consciência da razão do homem adulto. Esse *otimismo* psicológico *ingênuo* é um traço característico de toda a psicologia anterior a Freud. Em alguns autores ele se manifestava com mais intensidade; em outros, penetrava de forma mais dissimulada todo o quadro da vida psíquica do homem.

Esse otimismo psicológico era uma herança do *otimismo biológico* que dominara na ciência antes de Darwin. Tratava-se de uma concepção ingênua sobre a sábia racionalidade do organismo vivo, que acabou sendo substituída pela teoria darwiniana da luta pela existência, da morte dos fracos, da sobrevivência e da multiplicação apenas da minoria mais adaptada. O rigoroso conceito de seleção natural passou a reinar em todos os campos da biologia pós-darwiniana. Só o psiquismo, dirigido pela sábia consciência, permaneceu como o último refúgio dos conceitos de racionalidade, harmonia etc., banidos de todos os outros campos. Ao natural e ao espontâneo contrapunha-se o psíquico como reino da harmonia e da ordem.

Ao que tudo indica, foi nessas concepções do psiquismo que o freudismo realizou a sua transformação mais radical.

A "naturalidade do psiquismo" e a "*espontaneidade da vida psíquica*" foi, antes e acima de tudo, o que o amplo público assimilou e decorou de toda a doutrina de Freud. Aliás, os partidários do nietzschianismo (muito numerosos entre os adeptos de Freud) preferem falar do "*trágico* da vida psíquica".

Sobre essa última expressão é necessário observar imediatamente que, embora a seleção natural seja efetivamente estranha à racionalidade e à harmonia, ela não está menos distante também da tragédia. Aliás, essa expressão talvez nem seja característica de todo o freudismo.

Teria Freud efetivamente conseguido tatear a natureza na nossa alma? A luta do "Ego", do "Id", do "Ideal do Ego", da "pulsão de morte" e do "Eros" seria efetivamente uma luta de elementos? Não seria tudo isso apenas uma luta de motivos na consciência individual do homem? Neste caso, isso mais pareceria uma "tempestade em copo d'água" que uma luta de elementos.

Para responder a essas perguntas, teremos de repetir aqui, se bem que numa relação um pouco diferente, a série de pensamentos que já começamos a desenvolver no capítulo anterior.

A "DINÂMICA PSÍQUICA" COMO LUTA DE MOTIVOS

Toda a teoria psicológica de Freud se funda nos enunciados verbalizados do homem, sendo apenas a sua interpretação específica. Todos esses enunciados se constroem, evidentemente, no *campo consciente* do psiquismo. É verdade que Freud não dá crédito aos motivos superficiais da consciência, mas tenta penetrar nas camadas mais profundas do psíquico. Ainda assim, ele não toma os enunciados no seu aspecto objetivo, não procura as suas raízes fisiológicas e sociológicas, mas tenta encontrar neles próprios os verdadeiros motivos do comportamento: o próprio paciente deve lhe comunicar a respeito das profundezas do "inconsciente".

Desse modo, a teoria de Freud permanece nos limites do que a própria pessoa pode dizer de si e do seu comportamento com base em sua própria experiência interior. É verdade que Freud orienta a introspecção para novos caminhos, leva o paciente a penetrar em outras camadas do psiquismo, *mas não renuncia à introspecção como o único método de identificação dos fenômenos psíquicos na realidade*. E o "inconsciente" pode e deve entrar no círculo da introspecção. Porque o próprio paciente deve reconhecer o conteúdo do "inconsciente" (por exemplo, algum complexo recalcado), recordá-lo, certificar-se da sua existência com o auxílio da introspecção. Só por essa via experiência emocional deslocada para o "inconsciente" adquire valor de fato psicológico.

Para a introspecção, todos os produtos do inconsciente assumem a forma de desejo ou motivo, encontram expressão *verbalizada* e já nessa forma, isto é, em forma de *motivo*, o homem toma consciência deles.

Segundo a teoria de Freud, é perfeitamente compreensível que entre a consciência e o inconsciente dominem inter-relações sem nenhuma semelhança com as relações entre duas *forças materiais* que não se prestam a registro objetivo exato. De fato, entre a consciência e o inconsciente arde uma polêmica, dominam um não-reconhecimento recíproco e uma incompreensão, o empenho em se enganarem mutuamente. Porque tais inter-relações são possíveis entre duas ideias, duas correntes ideológicas, duas pessoas que se hostilizam, mas nunca entre duas forças materiais naturais! Por acaso é possível o embuste recíproco ou o não-reconhecimento entre, por exemplo, dois fenômenos físicos?

É claro que só depois de penetrar na consciência, de revestir-se de formas de consciência (de formas de desejos, pensamentos etc., definidos por seu conteúdo) os produtos do inconsciente podem entrar em contradição com as exigências éticas ou serem interpretados como embuste da "censura".

Desse modo, toda a *dinâmica psíquica de Freud é dada numa interpretação ideológica da consciência*. Trata-se, *consequentemente, da dinâmica não das forças psíquicas, mas apenas de diferentes motivos da consciência*.

Em toda a teoria freudiana da luta psíquica, com todos os mecanismos que a realizam, ouvimos apenas a voz parcial da consciência subjetiva, que interpreta o comportamento do homem. O inconsciente é apenas um dos motivos dessa consciência, um dos modos de interpretação ideológica do comportamento.

O que é a consciência de um homem isolado senão a ideologia do seu comportamento? Neste sentido podemos perfeitamente compará-la à ideologia na própria acepção do termo, ideologia essa que é expressão da consciência de classe. Mas não se pode tomar como verdade nenhuma ideologia, seja individual ou de classe, nem acreditar nela sob palavra. A ideologia mente para aquele que não é capaz de penetrar no jogo de forças materiais objetivas que se esconde por trás dela.

Por exemplo, alguma doutrina religiosa só leva ao equívoco quem acredita nela e a aceita ingenuamente por aquilo que ela diz ser. Mas para o historiador marxista essa mesma doutrina pode vir a ser um documento bastante importante e precioso, que reflete corretamente certas contradições sociais e interesses de determinados grupos. Ele revela as reais condições econômicas e sociais que geram inevitavelmente uma determinada doutrina religiosa.

É assim que também age o psicólogo objetivista: ele não aceita como fé quaisquer enunciados verbalizados, quaisquer motivações e explicações que o próprio homem apresenta para o seu comportamento baseando-se na sua própria experiência interior. Esse psicólogo procura descobrir as raízes objetivas tanto do conjunto de tal comportamento quanto dos enunciados verbalizados do homem. Tais enunciados já não lhe podem mentir. Serão a expressão verdadeira das condições objetivas – fisiológicas e socioeconômicas – do comportamento. Por trás da "dinâmica psíquica", da luta de motivos, o psicólogo objetivista desvenda a dialética física da natureza e da história.

Não é assim que age Freud: ele se deixa arrastar para a luta das motivações subjetivas da consciência. Não muda absolutamente nada pelo fato de ele preferir um grupo especial de motivos – os motivos do inconsciente – e chegar a eles por uma via específica. A teoria de Freud não nos leva ao solo fértil da experiência objetiva.

PROJEÇÃO DA DINÂMICA SOCIAL PARA A ALMA INDIVIDUAL

Mas de onde vêm o "Ego", o "Id", o "Ideal do Ego" e outras "forças" com que Freud povoa o psiquismo do homem?

A luta entre motivos não oferece quaisquer fundamentos para o reconhecimento dessas forças. A luta entre motivos é um fenômeno real, dado na experiência objetiva, pois encontra expressão nos enunciados verbalizados. Já as forças psíquicas são uma teoria arbitrária através da qual Freud tenta explicar essa luta. Como a maioria das construções da psicologia subjetiva, a teoria de Freud é uma projeção de certas relações objetivas do mundo exterior para o psiquismo. Nela se expressam, acima de tudo, *as relações de reciprocidade muito complexas do paciente com o médico.*

Em que consistem essas inter-relações?

O paciente deseja esconder do médico algumas experiências emocionais e acontecimentos de sua vida, procura impor ao médico seu ponto de vista sobre as causas da doença e o caráter das suas experiências emocionais. O médico, por sua vez, procura preservar sua autoridade de médico, visa a conseguir revelações do paciente, empenha-se em fazê-lo aceitar o ponto de vista correto sobre a doença e os seus sintomas. Com tudo isso cruzam-se outros elementos: entre o médico e o paciente pode haver diferenças de campo, de idade, de posição social e, por último, diferença de profissão. Tudo isso complexifica as relações mútuas e a luta entre eles.

E eis que nesse clima social complexo e singular constroem-se aquelas enunciações verbalizadas – narrações e réplicas do paciente na sua entrevista com o médico – que Freud toma como base de sua teoria. Podemos reconhecer tais enunciações como expressão do psiquismo individual do paciente?

Nenhuma enunciação verbalizada pode ser atribuída exclusivamente a quem a enunciou: é *produto da interação entre falantes* e, em termos mais amplos, produto de toda uma situação social em que ela surgiu. Em outra passagem[1], procuramos mostrar que todo produto da linguagem do homem, da simples enunciação vital a uma complexa obra literária, em todos os momentos essenciais é determinado não pela vivência subjetiva do falante mas pela situação social em que soa essa enunciação. A linguagem e suas formas são produto de um longo convívio social de um determinado grupo de linguagem. A enunciação a encontra pronta no aspecto fundamental. Elas são o material da enunciação, o qual lhe restringe as possibilidades. O que caracteriza precisamente uma dada enunciação – a escolha de certas palavras, certa teoria da frase, determinada entonação da enunciação – é a expressão da relação recíproca entre os falantes e todo o complexo ambiente social em que se desenvolve a conversa. As mesmas "vivências psíquicas" do falante, cuja expressão tendemos a ver nessa enunciação, são de fato apenas uma interpretação unilateral, simplificada e cientificamente incorreta de um fenômeno social mais complexo. É uma espécie de "projeção" através da qual investimos (projetamos) na "alma individual" um complexo conjunto de inter-relações sociais. A palavra é uma espécie de "cenário" daquele convívio mais íntimo em cujo processo ela nasceu, e esse convívio, por sua vez, é um momento do convívio mais amplo do grupo social a que pertence o falante. Para compreender esse cenário, é indispen-

1. Cf. em *Zviezdá*, n. 6, 1926, o nosso artigo "A Palavra na Vida e a Palavra na Poesia".

sável restabelecer todas aquelas complexas inter-relações sociais das quais uma dada enunciação é a interpretação ideológica.

A questão não muda se em vez de discurso exterior temos discurso interior. Esse discurso também pressupõe o ouvinte eventual, constrói-se voltado para ele. O discurso interior e tanto produto e expressão do convívio social quanto o discurso exterior.

Todas as complexas enunciações do paciente (suas reações verbalizadas), nas quais se baseia a teoria psicanalítica de Freud, são cenários, acima de tudo, de um pequeno acontecimento social imediato em que elas surgiram: a *sessão de psicanálise*. Elas expressam a complexa luta entre o médico e o paciente a que já nos referimos. Nessas enunciações verbalizadas reflete-se não a dinâmica da alma individual, mas a *dinâmica social* das inter-relações do médico com o paciente. Daí a dramaticidade que caracteriza a teoria de Freud. Daí a personificação das forças psíquicas que já apontamos: aqui efetivamente lutam seres humanos e não forças naturais.

Os "mecanismos" psíquicos nos denunciam facilmente sua origem social. O "inconsciente" não se opõe à consciência individual do paciente mas, acima de tudo, ao médico, às suas exigências e concepções. A resistência também é, acima de tudo, uma resistência ao médico, ao ouvinte, em geral, à outra pessoa.

A teoria psicológica de Freud projeta toda essa dinâmica da relação mútua de duas pessoas à alma individual do homem. Semelhante projeção não é algo inesperado: é, como já dissemos, um fenômeno comum na psicologia subjetiva. As experiências emocionais, na maioria dos casos, apenas duplicam o mundo dos objetos externos e das relações sociais. O idealismo subjetivo foi apenas coerente ao afirmar que todo o mundo é mera emoção do sujeito. Quando a psicologia moderna tenta estabelecer um limite preciso entre a vivência e o objeto, acaba sendo levada à conclusão paradoxal de que tal limite não existe, de que tudo depende do ponto de vista. O mesmo objeto, dependendo da relação, do contexto em que o interpretamos, vem a ser ora uma vivência psíquica (minha sensação, representação) ora um corpo físico ou um fenômeno social. Neste sentido, quem chegou às conclusões mais radicais foi William James, um dos maiores representantes da psicologia subjetiva. Em seu famoso artigo "Existiria a consciência?", ele chega à conclusão de que *os objetos e pensamentos foram feitos da mesma matéria, de que a consciência não introduz nenhuma realidade nova no mundo*. Ela é apenas outro ponto de vista sobre os mesmos objetos e fenômenos.

Desse modo, a dinâmica psíquica freudiana e seus mecanismos são apenas uma projeção de inter-relações sociais na alma de um indivíduo. Trata-se de uma complexa imagem dramatizada através da qual Freud tenta interpretar os diversos aspectos do comportamento humano, das reações verbalizadas do homem, mantendo-se nos limites de apenas uma parte desse comportamento: das reações verbalizadas.

PROJEÇÃO DO PRESENTE CONSCIENTE PARA UM PASSADO INCONSCIENTE

Cabe enfocar mais um aspecto da teoria freudiana. O conteúdo do inconsciente, isto é, os diversos complexos recalcados e, acima de tudo, o complexo de Édipo, são situados por Freud no passado do homem, na sua tenra infância. Mas toda essa teoria dos primeiros períodos pré-conscientes de desenvolvimento do homem se constrói com base em testemunhos de adultos. As poucas experiências de análise imediata do comportamento infantil e dos enunciados infantis que os freudianos[2] conseguiram levar a cabo não tiveram, e nem poderiam ter, importância vital para a elaboração da teoria de Freud. Essa teoria se constituiu independentemente daquelas experiências e antes delas, e as próprias análises já a pressupunham e se apoiavam integralmente nela. Assim, toda a teoria dos complexos infantis é obtida por *via retrospectiva*; funda-se na interpretação das *lembranças* dos adultos e daquelas formações de compromisso através das quais é possível chegar a tais lembranças (lembremos a análise que citamos de um sonho, a qual chega até às lembranças latentes do complexo de Édipo).

Pode-se reconhecer como cientificamente fundamentado um método retrospectivo de restabelecimento de experiências emocionais da tenra infância (porque o complexo emocional é um conjunto de experiências)?

Supomos que por essa via não é possível chegar a nada real, objetivo. De fato, aqui ocorre um fenômeno muito difundido e típico: *a interpretação do passado do ponto de vista do presente*. Não se pode nem falar da lembrança objetiva das nossas vivências interiores do passado. No passado, vemos apenas o que é essencial para o presente, para o momento em que recordamos o nosso passado. Nós transferimos do presente para o passado pré-consciente da criança, antes de tudo, o colorido ideológico valoral característico apenas do presente. Todas as apreciações, pontos de vista e associações que no período consciente da nossa vida se entrelaçaram com conceitos como "amor", "atração sexual", "mãe", revestindo de colorido esses conceitos e levando-nos a compreendê-los, nós os transferimos posteriormente para a interpretação dos fatos da vida infantil e assim criamos, a partir desses fatos, acontecimentos conexos e interpretados, parecidos com acontecimentos da vida adulta.

2. O mais importante trabalho que o próprio Freud dedicou à análise de uma doença nervosa na infância é *Geschichte der Fobie eines 5-jährigen Knaben*.

"Pulsão sexual pela mãe", "pai-rival", "hostilidade ao pai", "desejo de sua morte" – se retirarmos de todos esses "acontecimentos" a significação semântica, o tom valoral, toda a ponderabilidade ideológica que eles adquirem apenas no contexto do nosso presente "adulto" consciente, o que restará deles? Em todo caso, absolutamente nada do que de sérios direitos para falar de complexo de Édipo, isto é, de repetição do enredo da tragédia de Édipo na vida da criança. Não se verifica precisamente aquilo que dá sentido profundo e terrível a essa tragédia, que horroriza e comove o espectador.

O que resta, então? Várias observações objetivas dispersas, que podem ser feitas do comportamento da criança: a tenra excitabilidade dos órgãos sexuais (a ereção infantil) e de outras zonas erógenas, a dificuldade de desacostumar a criança da proximidade permanente do corpo da mãe (antes de tudo do peito) etc. Evidentemente, não cabe contestar essa série de fatos, seu reconhecimento é universal. Acontece, porém, que entre essa série de fatos e a grandiosa e surpreendente teoria do complexo de Édipo existe todo um abismo. Renunciando-se a projetar no passado os pontos de vista, apreciações e interpretações pertencentes ao presente, nunca se terá de falar de nenhum complexo de Édipo, por mais que se aumente o acervo de fatos objetivos arroláveis para demonstrá-lo.

OS FATOS E A TEORIA

Os freudianos declaram frequentemente aos seus críticos: para refutar a teoria psicanalítica é necessário refutar primeiro os fatos em que ela se baseia.

Semelhante declaração é radicalmente incorreta. Deforma o estado real de coisas. O freudismo não é, de modo algum, nem uma série de fatos, nem, absolutamente, aquele *minimum** de hipótese de trabalho indispensável à prévia unificação e ao agrupamento desses fatos. O freudismo é uma teoria grandiosa, fundada numa interpretação sumamente ousada e original dos fatos, uma teoria que não cessa de assombrar pelo que tem de surpreendente e paradoxal mesmo que reconheçamos todos aqueles fatos externos arrolados para demonstrá-lo.

Os próprios fatos são verificados, confirmados ou refutados por reiteradas observações ou práticas de controle. Mas isso não pode se refletir no tratamento crítico dos fundamentos da teoria. Vejamos a teoria absolutamente monstruosa do "trauma do nascimento" de Rank. Para reconhecê-la no mínimo inverossímil, será necessário refutar o fato do abalo físico sofrido pelo organismo no momento em que ele dá à luz uma criança (o ato de expelir, a asfixia pela afluência

* Em latim, no original russo. (N. do T.)

de sangue aos pulmões, a influência do clima etc.)? Esse fato é verdadeiro (embora a fisiologia ainda não o tenha submetido a uma minuciosa investigação científica) e universalmente conhecido. E ainda assim, quando lemos o livro de Rank, surge involuntariamente a pergunta: tudo isso é "sério" ou é "brincadeira"?

O mesmo cabe dizer sobre a relação dos fatos da sexualidade infantil com a teoria do complexo de Édipo. Esses fatos não podem confirmá-la, uma vez que se encontram em um plano, em uma mensuração diferente da dela. Os fatos se situam na experiência objetiva externa, já a teoria, no campo das vivências interiores da alma infantil. Ademais, para se poder falar de sexualidade infantil é necessário entender por "sexualidade" apenas um conjunto rigorosamente definido de manifestações fisiológicas. Se, porém, temos em vista os dados da experiência interior da vivência relacionados a tais manifestações e impregnados de apreciações e pontos de vista, já estamos construindo uma teoria arbitrária: em vez do fato fisiológico da sexualidade partimos da sua forma ideológica. *A teoria do complexo de Édipo é essa forma puramente ideológica projetada na alma da criança.* Isso não é, absolutamente, mera expressão sem precedentes dos fatos fisiológicos objetivos.

O mesmo temos de dizer sobre outros elementos do conteúdo do inconsciente. Tudo isso são projeções, no passado, de interpretações ideológicas do comportamento que caracterizam apenas o presente. Em parte alguma Freud vai além de uma teoria subjetiva.

FATORES OBJETIVOS DA "DINÂMICA PSÍQUICA"

O que resta, então, da "dinâmica psíquica", uma vez descontada essa teoria inaceitável para nós?

O conflito no interior do comportamento verbalizado do homem. A luta de motivos, mas não a luta de forças materiais.

Por trás dela, como de qualquer luta ideológica, independentemente das proporções em que se desenvolva, radicam certos processos materiais objetivos. Mas o freudismo não os enfoca. Porque para descobri-los é necessário ir além da psicologia subjetiva, ir além de tudo o que o próprio homem pode dizer a seu respeito com base na própria experiência interior, por mais ampla que seja a interpretação que se faça de tal experiência.

Alguns desses fatores objetivos do comportamento têm caráter fisiológico (no fim das contas, físico-químico). Tais fatores podem ser estudados pelos métodos que serviram de base à teoria dos reflexos condicionados do acadêmico Pávlov e sua escola ou por aqueles que foram elaborados com tanto brilho e fundamento pelo recém-

-falecido Jaques Loeb em sua famosa teoria do tropismo[3] ou por outras modalidades do método fisiológico, singular em seus fundamentos. Mas tudo isso é pouco para explicar o comportamento humano. Especialmente aqueles conflitos do comportamento verbalizado, com os quais o freudismo nos faz deparar, que para serem compreendidos necessitam, antes de tudo, de uma consideração rigorosa e plurilateral dos fatores socioeconômicos. Só com o auxílio dos métodos flexíveis do materialismo dialético nos será possível lançar luz sobre esses conflitos.

Aquilo que denominamos psiquismo humano e consciência reflete a dialética da história em proporções bem maiores que a dialética da natureza. Naquela a natureza é dada numa interpretação econômica e social. O conteúdo do psiquismo humano, o conteúdo dos pensamentos, sentimentos e desejos é dado em uma forma pela consciência e, consequentemente, numa forma pela palavra humana. A palavra – é claro que em seu sentido não restritamente linguístico, mas no sentido sociológico amplo e concreto – é *o meio objetivo* em que nos é dado o conteúdo do psiquismo.

Um ensaio crítico não pode, evidentemente, englobar uma teoria positiva dos motivos e conflitos do comportamento verbalizado. Podemos esboçar apenas o encaminhamento em que é possível a compreensão objetiva e o estudo desses fenômenos.

3. Cf. J. Loeb, *Movimento Forçados, Tropismos e Comportamento dos Animais*, s/d., Moscou, ed. GIZ, s/d., e "A Importância dos Tropismos para a Psicologia" em *Novas Ideias em Filosofia*, coletânea, n. 8.

9. O Conteúdo da Consciência como Ideologia

A CONFIGURAÇÃO SOCIOLÓGICA DAS REAÇÕES VERBALIZADAS

Sabemos que o freudismo começou por desconfiar da consciência, e pela crítica aos princípios das razões pelos quais o homem tende, com absoluta sinceridade e boa vontade, a explicar e comentar o seu comportamento (lembremos a experiência de Bernheim). A consciência é aquele comentário que todo homem adulto faz de cada ato seu. Para Freud, esse comentário é falso, assim como é falsa a psicologia que o toma por base.

Onde Freud critica a psicologia da consciência, podemos nos juntar integralmente a ele: a motivação consciente que o homem tem de seus atos realmente não serve, de maneira nenhuma, como explicação científica do seu comportamento. Mas nós vamos além: os motivos do inconsciente não explicam absolutamente o comportamento, pois, como vimos, em termos de princípio, o inconsciente em Freud em nada difere da consciência; é apenas outra forma de consciência, apenas a sua outra expressão ideológica.

Os motivos do inconsciente que se revelam nas sessões de psicanálise através do método da "livre fantasia" são *reações verbalizadas* do paciente tanto quanto todos os demais motivos da consciência; eles diferem destas, por assim dizer, não pela espécie da sua existência, mas tão somente por seu conteúdo, isto é, *ideologicamente*. Neste sentido, o inconsciente de Freud pode ser denominado consciência não-oficial diferentemente da consciência "oficial".

Do ponto de vista objetivo, os motivos da consciência tanto oficial quanto não-oficial são dados de modo inteiramente idêntico nos discursos interior e exterior e são, igualmente, não a causa mas sim um componente do comportamento. Para a psicologia objetiva, qualquer motivo do homem é parte componente do seu ato e nunca a sua causa. Pode-se dizer que o comportamento do homem se decompõe em reações motoras ("ações" no sentido restrito do termo) e nos *discursos* (*reações* verbalizadas) *interior e exterior* que acompanham tais reações. Esses dois componentes do comportamento integral são objetivos e materiais e requerem, para sua explicação, fatores objetivos igualmente materiais, quer no próprio organismo do homem, quer no meio natural e consciente que o rodeia.

O componente verbal do comportamento é determinado em todos os momentos essenciais do seu conteúdo por fatores objetivo-sociais.

O meio social deu ao homem as palavras e as uniu a determinados significados e apreciações; o mesmo meio social não cessa de determinar e controlar as reações verbalizadas do homem ao longo de toda a sua vida.

Por isso, todo o verbal no comportamento do homem (assim como os discursos exterior e interior) de maneira nenhuma pode ser creditado a um sujeito singular tomado isoladamente, pois não pertence a ele, mas sim *ao seu grupo social* (ao seu ambiente social).

No capítulo anterior, mostramos que toda enunciação concreta sempre reflete o pequeno acontecimento social imediato – o acontecimento do contato, a conversa entre os homens – que lhe deu origem. Vimos que a "dinâmica" de Freud reflete a sessão de psicanálise com sua luta e suas peripécias, aquele acontecimento social que deu origem à enunciação, verbalizada do paciente. Contudo, neste capítulo não estamos interessados no contexto imediato da enunciação mas nos laços sociais mais amplos, longos e sólidos, em cuja dinâmica se elaboram todos os elementos do conteúdo e as formas dos nossos discursos interior e exterior, todo o acervo de avaliações, pontos de vista, enfoques etc., através dos quais lançamos luz, para nós mesmos e para os outros, sobre os nossos atos, desejos, sentimentos e sensações.

Esse conteúdo da nossa consciência e de todo o psiquismo em seu conjunto, bem como aquelas enunciações isoladas através das quais esse conteúdo se revela no exterior são determinados, sob todos os aspectos, por fatores socioeconômicos.

Nunca chegaremos às raízes verdadeiras e essenciais de uma enunciação singular se as procurarmos apenas nos limites de um organismo individual singular, mesmo quando tal enunciação concernir aos aspectos pelo visto mais pessoais e íntimos da vida de um homem. Toda motivação do comportamento de um indivíduo, toda tomada de consciência de si mesmo (porque a autoconsciência sempre é verbal, sempre consiste em encontrar um determinado complexo verbal) é a colocação de si mesmo sob determinada norma social, é, por assim dizer, a socialização de si mesmo e do seu ato. Ao tomar consciência de mim mesmo, eu tento como que olhar para mim pelos olhos de outra pessoa, de outro representante do meu grupo social, da minha classe. Desse modo, a *autoconsciência* acaba sempre nos levando *à consciência de classe*, de que ela é reflexo e especificação em todos os seus momentos essenciais, basilares. Aí estão as *raízes objetivas* até mesmo das reações verbalizadas mais pessoalmente íntimas.

Como chegar a essas raízes?

Através dos mesmos métodos objetivo-sociológicos, elaborados pelo marxismo para a análise de diversas construções ideológicas – do direito, da moral, da ciência, da visão de mundo, da arte, da religião.

OS MÉTODOS DE ESTUDO DO CONTEÚDO DA CONSCIÊNCIA

Durante muito tempo dominou e ainda hoje é bastante difundida na filosofia burguesa a convicção de que se pode perfeitamente explicar uma obra de criação cultural desde que se consiga reduzi-la a determinados estados individuais e vivências psíquicas do seu criador. Como vimos, os freudianos também comungam dessa convicção. Em realidade, entre o conteúdo do psiquismo individual e a ideologia enformada não há uma fronteira em termos de princípio. Em todo caso, o conteúdo do psiquismo individual não é nada mais compreensível nem mais claro que o conteúdo da criação cultural e por isso não lhe pode servir como explicação. Uma vivência individual conscientizada já é ideológica; por tal razão, do ponto de vista científico, ela não é, de maneira alguma, um dado primário e indecomponível; é já uma determinada elaboração ideológica do ser. O conteúdo mais vago da consciência e a obra mais perfeita da cultura são apenas elos extremos de uma única cadeia da criação ideológica. Entre esses dois elos existe toda uma série de fases e transições contínuas.

Quanto mais claro se torna meu pensamento tanto mais ele se aproxima dos produtos enformados da criação científica. Além do mais, meu pensamento não consegue atingir a clareza definitiva enquanto eu não lhe encontro a formulação verbal precisa e não o associo àquelas teses da ciência que dizem respeito ao mesmo objeto, ou melhor, enquanto eu não transformo o meu pensamento em uma obra científica importante. Um sentimento qualquer não pode atingir maturidade definitiva e precisão sem encontrar a sua expressão externa, sem fecundar palavras, ritmo, cores, isto é, sem tomar a forma de obra de arte.

Esse caminho, que vai do conteúdo do psiquismo individual ao conteúdo da cultura, é longo, difícil, mas é um caminho, e em toda a sua extensão, em todas as suas etapas, é determinado pelas mesmas leis socioeconômicas.

Portanto, em todas as etapas desse caminho, a consciência humana trabalha com a palavra, essa refração mais sutil e também mais confusa das leis socioeconômicas. Devemos estudar as reações verbalizadas em sua forma cotidiana primitiva pelos mesmos métodos que o marxismo elaborou para o estudo das complexas teorias ideológicas uma vez que lá e cá as leis da refração da necessidade objetiva na palavra são as mesmas.

Toda enunciação verbalizada do homem é uma pequena construção ideológica. A motivação do meu ato é, em pequena escala, uma criação jurídica e moral; uma exclamação de alegria ou tristeza é uma obra lírica primitiva; as considerações espontâneas sobre as causas e efeitos dos fenômenos são embriões de conhecimentos científico e filosófico etc. Os sistemas ideológicos estáveis e enformados das ciências, das artes, do direito etc. cresceram e se cristalizaram a partir do elemento ideológico instável, que através das ondas vastas dos discurso interior e exterior banham cada ato nosso e cada recepção nossa. Evidentemente, a ideologia enformada exerce, por sua vez, uma poderosa influência reflexa em todas as nossas reações verbalizadas.

O CONCEITO DE "IDEOLOGIA DO COTIDIANO"

Chamamos *discurso interior e exterior* a "ideologia do cotidiano" que penetra integralmente o nosso comportamento. Em certos sentidos, essa ideologia do cotidiano é mais sensível, compreensiva, nervosa e móvel que a ideologia enformada, "oficial". No seio da ideologia do cotidiano é que se acumulam aquelas contradições que, após atingirem certo limite, acabam explodindo o sistema da ideologia oficial. Mas, em linhas gerais, podemos dizer que a ideologia do cotidiano tem tanto a ver com a base econômica e social e se sujeita às mesmas leis do desenvolvimento quanto as superestruturas ideológicas na própria acepção do termo. Por isso, os métodos de seu estudo devem ser basicamente os mesmos, apenas um pouco diferenciados e modificados em função das peculiaridades do material.

Retomemos agora aqueles "conflitos psíquicos" em que a psicanálise se baseia e os quais tenta explicar através da luta entre a consciência e o inconsciente. Do ponto de vista objetivo, todos esses conflitos se desencadeiam no elemento do discurso interior e exterior (evidentemente, além do seu aspecto puramente fisiológico), isto é, no elemento da ideologia do cotidiano. Não são conflitos "psíquicos" mas ideológicos, razão por que não podem ser entendidos nos limites estreitos de um organismo individual e de um psiquismo individual.

Não vão apenas além dos limites da consciência, como pensa Freud, mas dos limites do indivíduo em sua totalidade.

O sonho, o mito, a brincadeira, o gracejo e todos os componentes verbais das formações patológicas refletem a luta de diferentes tendências e correntes ideológicas que se constituíram no interior da *ideologia do cotidiano.*

AS DIFERENTES CAMADAS DA "IDEOLOGIA DO COTIDIANO"

Aqueles campos da ideologia do cotidiano, que correspondem à consciência oficial censurada em Freud, exprimem os momentos mais estáveis e dominantes da consciência de classe. Estão próximos da ideologia constituída e enformada dessa classe, das suas verdade, sua moral e visão de mundo. Nessas camadas da ideologia do cotidiano, o discurso interior se regulariza com facilidade e se converte livremente em discurso exterior, em todo caso não teme vir a ser discurso exterior.

Outras camadas, que correspondem ao inconsciente em Freud, estão muito distantes do sistema estável da ideologia dominante. Sugerem a decomposição da unidade e da integridade desse sistema, a vulnerabilidade dos habituais motivos ideológicos. É claro que os casos de acumulação de tais motivos internos, que corroem a unidade da ideologia do cotidiano, podem ter caráter fortuite e serem um testemunho apenas da *desclassificação social* de determinados indivíduos; porém, mais amiúde, são uma prova da decomposição incipiente, se não da classe em seu conjunto, ao menos de alguns dos seus grupos. *Em um grupo sadio e num indivíduo social-sadio a ideologia do cotidiano, fundada na base econômico-social, é integral e forte*: não há nenhuma divergência entre a consciência oficial e a não-oficial.

O conteúdo e a composição das camadas não-oficiais da ideologia do cotidiano (isto é, o conteúdo e a composição do inconsciente, segundo Freud) são condicionados pela época e por uma classe tanto quanto o são as suas camadas "censuradas" e os sistemas da ideologia enformada (a moral o direito, a visão de mundo). Por exemplo, as paixões sexuais de um heleno antigo da classe dominante não criavam absolutamente quaisquer conflitos em sua ideologia do cotidiano, passavam livremente ao seu discurso exterior e chegavam até a ganhar expressão ideológica enformada (veja-se *O Banquete*, de Platão).

Todos os conflitos com que opera a psicanálise são sumamente característicos da atualidade pequeno-burguesa europeia. A "censura" freudiana exprime com muita precisão o ponto de vista da ideologia do cotidiano do pequeno-burguês, razão porque surge uma impressão cômica quando os freudianos a transferem para o psiquismo de um grego antigo ou de um camponês medieval. A enorme superestima do elemento sexual pelo freudismo é sumamente ilustrativa no clima da atual decomposição da família burguesa.

Quanto mais amplo e mais profundo é o divórcio entre a consciência oficial e a não-oficial tanto mais dificuldade têm os motivos do discurso interior para passar ao discurso exterior (falado, escrito, impresso; no círculo social estreito e no amplo) e aí ganhar forma, clareza e força. Tais motivos começam a definhar, a perder sua feição verbal e pouco a pouco se transformam em um "corpo estranho" no psiquismo. Por essa via grupos inteiros de manifestações orgânicas podem ser desalojados dos limites do comportamento verbalizado, podem tornar-se *associais*. Assim se amplia o campo do "animal" no homem, do associal nele.

É claro que nem todo campo do comportamento humano pode estar sujeito a um afastamento tão completo em relação à forma ideológica verbalizada porque nem todo motivo, uma vez tendo entrado em contradição com a ideologia oficial, degenera em um obscuro discurso interior e perece: ele pode entrar em luta com a ideologia oficial. Tal motivo, *se está fundado na existência econômica de todo um grupo*, se não é motivo de um solitário desclassificado, tem um futuro social talvez até vitorioso. Tal motivo não terá quaisquer fundamentos para tomar-se associal, para abandonar os contatos. Só inicialmente ele irá desenvolver-se em um pequeno meio social, entrará na clandestinidade, mas não em uma clandestinidade psicológica de complexos recalcados e sim em uma clandestinidade política sadia. E assim que se cria a *ideologia revolucionária em todos os campos da cultura*.

O SEXUAL

Existe um campo sumamente importante do comportamento humano, em que os contatos verbalizados se estabelecem com grande dificuldade e por isso ele escapa de modo especialmente fácil do contexto social, perde a sua forma ideológica, degenera no estado animal primário. É o campo *sexual*. A decomposição da ideologia oficial se reflete antes de tudo nesse campo do comportamento humano. Torna-se centro de acumulação de forças associais e antissociais.

Esse campo da vida privada é, preferencialmente, o mais fácil de ser transformado em base para um desvio social. Como um *minimum social*, o "par" sexual pode ser mais facilmente isolado e transformado em um microcosmo que não necessita de ninguém nem de nada.

Todas as épocas de decadência e desintegração social se caracterizam por uma *superestima vital* e ideológica do *sexual* e ainda por cima em sua concepção unilateral: promove-se a primeiro plano o seu aspecto *associal* tomado em forma abstrata. O sexual procura tornar-se um sucedâneo do social. Todos os seres humanos se dividem antes de tudo em homens e mulheres. Todas as demais subdivisões se afiguram secundárias. São compreensíveis e valorizadas apenas aquelas relações sociais que podem ser sexualizadas. Tudo o mais perde o sentido e a importância.

O atual sucesso do freudismo em toda a Europa sugere a plena decomposição do *sistema ideológico oficial*. A "ideologia do cotidiano" acabou entregue a si mesma, dispersa e não-enformada. Cada face da vida, cada fenômeno e objeto fogem ao contexto das *avaliações de classe e sociais*, contexto bem organizado e convincente para cada um. Cada objeto parece voltar-se para o homem em seu aspecto sexual, não social. Por trás de toda palavra de uma obra de arte ou da filosofia passou a transparecer um símbolo sexual pobre; todos os demais aspectos – e, acima de tudo, as avaliações histórico-sociais –, já não são captados pelo ouvido do burguês europeu atual, tornaram-se meros sons harmônicos de um tom social básico.

É sumamente ilustrativo e sumamente interessante um traço do freudismo: a *completa sexualização da família* e de todas as relações familiares sem exceção (o complexo de Édipo). A família – pilar e esteio do capitalismo, – tornou-se evidentemente pouco compreensível em termos econômicos e sociais e pouco falante ao coração, razão por que é possível a sua completa sexualização, uma espécie de nova interpretação, um "estranhamento"[1], como diriam os "formalistas". O complexo de Édipo é, efetivamente, um excelente estranhamento da célula familiar. O pai não é o dono da empresa, o filho não é o herdeiro: o pai é apenas o amante da mãe; o filho, o seu rival!

Essa "interpretação" aguda e nova de todos os aspectos da vida que perderam o sentido atrai um amplo público para o freudismo. A evidência e o caráter indiscutível das pulsões sexuais são aqui contrapostos à dubiedade e a ao caráter discutível de todas as demais avaliações sociais e ideológicas. A sexualidade é proclamada critério supremo de *realidade*, de essencialidade. E quanto mais desclassificado é o homem mais agudamente ele sente em si a sua "naturalidade nua", a sua "espontaneidade".

CONCLUSÕES

O freudismo – essa psicologia dos desclassificados –, torna-se corrente ideológica reconhecida dos mais amplos círculos da burguesia europeia. Eis um fenômeno profundamente sintomático e ilustrativo para quem quer compreender o espírito da Europa atual.

A aspiração fundamental da filosofia dos nossos dias *é criar um mundo além do social e do histórico*. O "cosmicismo" da antroposofia

1. "Estranhamento" é um procedimento verbalizado através do qual um objeto comum e conhecido se afigura estranho.

(Steiner), o "biologismo" de Bergson e, por último, o "psicobiologismo" e o "sexualismo" de Freud, três tendências que dividiram entre si todo o mundo burguês, cada uma serve a seu modo àquela aspiração da filosofia moderna. Elas definiram a fisionomia do atual Kulturmenscheit – steineriano, bergsoniano e freudiano – e os três altares da sua fé e culto – *a magia, o instinto e a sexualidade*. Onde os caminhos criadores da história estão fechados restam apenas os impasses da superação individual de uma vida desprovida de sentido.

10. Crítica às Apologias Marxistas do Freudismo

MARXISMO E FREUDISMO

O leitor que acompanhou atentamente a exposição do freudismo, afora várias análises críticas, provavelmente já percebeu o quanto essa doutrina é profunda e organicamente estranha ao marxismo. É difícil não perceber o clima inteiramente diverso, a paisagem diferente da visão freudiana de mundo. E ainda assim, há apologistas ardorosos do freudismo entre os marxistas. Já tivemos oportunidade de nos referir a eles nos primeiros capítulos do livro. Na conclusão desta parte crítica, não podemos fugir à tarefa pouco grata de empreender uma análise crítica dessas apologias marxistas do freudismo.

É claro que não podemos abordar todos os pronunciamentos em que os marxistas revelam sua "aceitação" e sua "boa vontade" em relação ao freudismo. Frequentemente, esses pronunciamentos são casuais e, não desenvolvidos minuciosamente, nem fundamentados. A essa categoria de pronunciamentos se associa a famosa declaração do camarada Trotski em *Literatura e Revolução**, segundo a qual a psicanálise é aceitável para o marxismo. Não vamos nos deter nesses pronunciamentos; nossa tarefa se limitará ao exame dos trabalhos de quatro autores abaixo discriminados:

* Editado no Brasil pela editora Zahar, com tradução de Muniz Bandeira. (N. do T.)

1. o artigo de B. Bikhovski – "Sobre os Fundamentos Metodológicos da Teoria Psicológica de Freud", publicado na revista *Sob a Bandeira do Marxismo**, 1923;

2. o artigo de A. R. Luria – "A Psicanálise como Sistema de Psicologia Monista", publicado na coletânea A *Psicologia e o Marxismo*, Instituto de Psicologia Experimental, Moscou, 1925;

3. o artigo de B. D. Fridman – "As Concepções Centrais da Psicologia de Freud e a Teoria do Materialismo Histórico", publicado na referida coletânea;

4. o artigo de A. B. Zalkind – "O Freudismo e o Marxismo", publicado na revista *Terra Virgem Vermelha***, 1924, n. 4, e os respectivos capítulos do seu último livro *Vida do Organismo e Sugestão*, 1927.

Os referidos trabalhos são as tentativas mais desenvolvidas e elaboradas de justificar o freudismo do ponto de vista marxista. Depois de examinar os argumentos apologéticos desses autores, teremos esgotado todos os argumentos merecedores de análise, apresentados pelos marxistas em defesa do freudismo.

O PONTO DE VISTA DE BIKHOVSKI

Comecemos em ordem cronológica pelo trabalho de B. Bikhovski.

> A doutrina psicanalítica está envolta por uma densa capa de subjetivismo, e na exposição dos psicanalistas os fenômenos frequentemente deixam a impressão de estarem expostos no avesso subjetivista. Procurei demonstrar que, em suas premissas metodológicas e nas principais conclusões de princípio, a psicanálise reproduz (inconscientemente) no campo das suas investigações, teses proclamadas pelo materialismo dialético. A conscientização disto pelos psicanalistas coloca a sua doutrina em uma base ampla e sólida. O materialismo dialético pode incluir mais uma vitória em seus ativos (p. 176-177).

Com essas palavras, B. Bikhovski faz o balanço da sua análise do freudismo.

Em que ele vê o "núcleo sadio" da psicanálise, que "reproduz inconscientemente" teses do materialismo histórico?

B. Bikhovski tenta demonstrar que o método psicanalítico se caracteriza pelas seguintes peculiaridades: objetivismo, monismo materialista, energeticismo e, por último, dialética.

Examinemos ponto por ponto essas peculiaridades da metodologia de Freud no enfoque de Bikhovski. Este fundamenta de modo sumamente estranho o objetivismo do método de Freud. Citemos suas palavras:

* *Pod známeniem marksizma*. (N. do T.)

** *Krásnaia nov*. (N. do T.)

Quando conhecemos mais de perto a psicanálise, nós nos convencemos não só de que ela está de acordo com a reatologia*, como ainda começamos a duvidar do seu subjetivismo. O subjetivismo parece uma capa que obscurece a essência da questão. De fato, a psicanálise é a doutrina do inconsciente, daquilo que ocorre *fora dos limites* do "eu" subjetivo. O inconsciente atua de modo real sobre as reações do organismo, frequentemente as dirige. *O inconsciente não pode ser estudado através da consciência, subjetivamente*. Isto é a causa que leva Freud a estudar as manifestações objetivas do inconsciente (sintomas, atos falhos etc.), a procurar as condições da participação mínima da consciência (o sonho, a idade infantil). Tudo isso é indiscutivelmente aceitável para a reatologia (p. 166).

Essas afirmações de Bikhovski estão em contradição com os próprios fundamentos da metodologia de Freud. "Só podemos conhecer o inconsciente através da consciência" – diz o próprio Freud. Toda a metodologia das "livres associações" tem apenas um único fim: levar o inconsciente à consciência do paciente. Segundo Freud, a psicanálise só pode alcançar êxitos sob a condição obrigatória de que o próprio paciente conheça e reconheça em sua própria experiência interior os seus complexos recalcados[1]. Se para o paciente eles continuassem sendo apenas um fato objetivo externo, sem *a autenticidade subjetiva* do interiormente vivido, não teriam nenhuma importância terapêutica. Como fato objetivo (situado fora do psiquismo subjetivo) nós reconhecemos, por exemplo, a imagem do nosso pulmão afetado numa radiografia ou conhecemos o mecanismo fisiológico do processo da tosse. Já o "inconsciente" só podemos encontrá-lo nas vias subjetivas da vivência interior. O próprio homem deve sondá-lo na experiência interior, no fundo da sua alma. E toda a psicanálise não é senão a tomada *interior de* consciência do inconsciente. E absolutamente incompreensível como Bikhovski resolve afirmar que "o inconsciente não pode ser estudado através da consciência, subjetivamente"! Outras vias para o seu estudo não há nem podem haver, e ao próprio Freud nem chegaram a ocorrer outras possibilidades.

É ainda radicalmente falsa a afirmação de Bikhovski, segundo a qual o freudismo estuda as manifestações objetivas do inconsciente num sintoma, num ato falho etc. É claro que em sua análise, Freud parte do dado objetivo externo: do ato falho, do sintoma físico etc., mas é justamente esse dado material objetivo que ele não estuda. Não

* Termo criado pelo psicólogo russo Konstantin Nikoláievitch Kornílov (1842-1924), famoso professor de psicologia da Universidade de Moscou, que iniciou a reformulação da psicologia russa no início do período soviético, tomando o marxismo como fundamento. Proclamou a *reatologia* (ciência destinada a estudar as reações ou respostas do paciente) como a concepção marxista em psicologia destinada a superar a unilateralidade da psicologia subjetiva (empírica) e objetiva (reflexologia) pela síntese dessas duas correntes. Portanto, *reatologia* aparece no texto de Bakhtin como sinônimo de psicologia marxista. (N. do T.)

1. Isso o próprio Bikhovski sabe perfeitamente. Em outra passagem do artigo ele escreve: "Tomar consciência do inconsciente: eis o lema da terapia psicanalítica". Como conciliar esta afirmação com aquelas citadas em seu texto?

tem o menor interesse pelo mecanismo fisiológico do sintoma físico, por exemplo, da tosse histérica, mas tão somente pelo avesso psíquico-subjetivo interior. Para ele, o sintoma, o ato falho, o sonho e todos os outros fatos de onde parte o método psicanalítico são como que desprovidos de carne objetiva, material. A psicanálise opera com eles apenas como formações substitutivas, como compromissos entre a consciência e o inconsciente, logo, apenas como certa combinação de forças psíquicas. *Na fórmula psicanalítica do sintoma entram apenas grandezas psicossubjetivas puras.*

De que modo o método psicanalítico, que procura sempre e em toda parte uma única pérola – o desejo recalcado –, vem a ser um método objetivo aceitável para a reatologia é coisa que fica totalmente incompreensível. Os "argumentos" de Bikhovski não passam de afirmação gratuita. Outros argumentos ele não apresenta.

A questão não melhora no tocante à fundamentação da segunda peculiaridade da psicanálise: o seu monismo materialista. Aqui, segundo o argumento central de Bikhovski, o método freudiano cria uma transição constante do psíquico ao somático passando pelo inconsciente (pode-se construir a série: consciência-pré-consciente--inconsciente-somático). Ele cita uma famosa afirmação de Freud: "a função sexual não é algo puramente psíquico, como não é algo apenas somático. Ela exerce influência na vida psíquica" (p. 161). Não são poucas as citações análogas que podemos escolher em Freud, mas nele também podemos encontrar mais afirmações de caráter diametralmente oposto. Uma delas o próprio Bikhovski cita em seguida:

> É importante elucidar se determinadas manifestações psíquicas têm origem imediata em influências físicas, orgânicas e materiais e, neste caso, seu estudo não é assunto da psicologia, ou se tais manifestações se originam e se vinculam a outros processos psíquicos, atrás dos quais já se escondem, em algum ponto avançado, uma série de causas orgânicas. Nós sempre chamamos de processos psíquicos apenas os processos de "segunda espécie" (p. 165).

Nesta afirmação de Freud, todo o orgânico é deixado à margem da psicologia. O psicanalista só estuda a série psíquica pura, o resto não lhe diz respeito. Mas, uma vez que "em algum ponto avançado" se admite a série de causas orgânicas que acaba interessando o psicólogo, estamos diante do ponto de vista tipicamente expresso do paralelismo psicofísico. Em linhas gerais, na solução teórica do problema da relação entre o psíquico e o somático, a posição do próprio Freud é evasiva e deliberadamente dúbia. Todos os seus pronunciamentos sobre esse tema são contraditórios e indefinidos. Na maioria das vezes, ele se esquiva da questão. Mas é dispensável reunir esses pronunciamentos: o próprio método fala por si, e fala através de sua prática, do seu trabalho. A psicanálise não nos mostra nunca e em parte alguma as influências do somático sobre o psíquico, como o quer Bikhovski. Ela só conhece a série psíquica pura, concebendo o somático apenas como elemento autônomo dessa série. Psicanalistas consequentes como Rank e Groddeck dão a essa peculiaridade do seu método uma expressão teórica clara e inequívoca: *todo o orgânico tem caráter secundário*, só o psíquico é primário. Aqui já se trata de monismo puro, só que de um *monismo espiritualista*.

De fato, a psicanálise é monista em seus fundamentos. É uma variedade moderna específica de monismo espiritualista. Mesmo que o cauteloso Freud oscile de forma ambígua entre a causalidade psicofísica e o paralelismo psicofísico, o próprio método desconhece essa vacilação: para ele não existem quaisquer grandezas materiais insuperáveis e impenetráveis, para ele tudo se dissolve no elemento psicossubjetivo infinito e instável.

Passemos à energética. Com a palavra o próprio Bikhovski:

> A conciliação entre a psicanálise e a reatologia não se limita ao exposto. É consideravelmente bem mais profunda, estendendo-as ao fundamento dos fundamentos da teoria – ao energeticismo dos processos psíquicos. A concepção energética dos processos psíquicos atravessa do começo ao fim a doutrina psicanalítica de Freud. Neste, a energética recebe a denominação de "ponto de vista econômico". Uma coisa podemos afirmar com certeza: o prazer está de certo modo relacionado à redução ou à extinção do número de excitações existentes no aparelho psíquico, o desprazer, ao aumento de tais excitações. O estudo do prazer mais intenso a que o homem tem acesso, isto é, o prazer do ato sexual, não deixa lugar à dúvida nesse ponto. Uma vez que em tais processos de prazer trata-se de calcular a quantidade de excitação ou de energia psíquica, chamamos de *econômicas* as reflexões dessa natureza [...] Podemos dizer que o aparelho psíquico tem por objetivo superar e livrar-se das excitações e instigações que recebe de fora e de dentro (p. 166-167).

Ao citar Freud, Bikhovski tenta demonstrar o energeticismo da psicanálise. A citação é efetivamente peculiar, mas não demonstra o que deseja Bikhovski.

O que é "ponto de vista econômico" em Freud?

Simplesmente a transferência gratuita da "lei do menor esforço", tão velha como o mundo, para o psiquismo. Contudo, aplicada a um material psíquico-subjetivo, essa lei por si só é vazia e ainda não diz nada, torna-se simples metáfora, fraseologia poética, e só. Pode vir a ser uma hipótese de trabalho produtiva unicamente se aplicada a *um material que se preste a uma mensuração objetiva exata*. Separado de tudo o que é material, o psíquico-subjetivo evidentemente não se presta a nenhuma mensuração, aqui são possíveis apenas apreciações ideológicas arbitrárias. Uma avaliação dessa ordem no mínimo duvidosa é a declaração cínica de Freud, segundo a qual o prazer mais intenso a que o homem tem acesso é o prazer atingido durante o ato sexual.

Não se pode falar de nenhuma energética onde não existe ponto de apoio para tal mensuração. Uma peculiaridade da teoria de Freud consiste em ela desconhecer o *excitador objetivo* material; conhece apenas excitadores *psíquicos* interiores (é verdade que Freud fala de fontes somáticas da pulsão, mas não as estuda). Toda a teoria da libido em Freud opera apenas com tais excitadores internos. O freudismo se interessa pela excitação propriamente dita apenas a partir do momento em que ela começa a figurar na cena psíquica interior e aí se choca com as forças psíquicas já existentes; de que modo ela apareceu, aí já é coisa que não o interessa. As pulsões (die Triebe) – conceito central de toda a psicanálise – são definidas por Freud como representantes psíquicos das excitações somáticas. Consequentemente, ele só opera com esses representantes e com a luta entre eles: a pulsão pela mãe se choca com o medo e com a vergonha e é deslocada para o inconsciente, a pulsão do "ego" se choca com as pulsões sexuais, a pulsão de morte se choca com Eros etc. Dessa maneira, a psicanálise permanece *no círculo das excitações e reações intrapsíquicas* – uma experiência emocional reage a outra experiência emocional, um sentimento a um desejo, um desejo a um sentimento: a alma reage com pavor ao amor incestuoso, com mania de perseguição à pulsão homossexual etc. O excitador material, que se encontra no mundo exterior, e a excitação, materialmente expressa no organismo, permanecem fora dos limites da teoria. Mas esses elementos isolados são justamente os pontos de apoio dos métodos objetivos da psicanálise.

O mesmo se deve dizer também da transformação da energia psíquica: a transformação do amor em ódio, a transferência da pulsão de um objeto para outro etc. Como medir a quantidade dessa energia que muda de forma? Porque só sob essa condição poderíamos falar de energética em sentido não metafórico. Para tanto, é necessário ir além dos limites do quadro subjetivamente psíquico dessas mudanças, sair para o mundo objetivo dos excitadores e das reações materiais. Mas Freud não o faz, apenas afirma que, se o fizesse, provavelmente a questão estaria resolvida e a energética e a lei econômica acabariam justificadas.

Concluindo, cabe observar que a abordagem econômica está presa à doutrina de Freud. Ele a aciona apenas de passagem e ela não lhe atinge a essência da doutrina. É falsa a afirmação de Bikhovski, segundo a qual, a energética é o fundamento dos fundamentos da psicanálise. Pelo visto, ele associa à energética toda a dinâmica psíquica, o que, evidentemente, é um absurdo total. Quanto à dinâmica psíquica, nós mostramos que ela não é, de modo algum, uma luta de forças (que poderia ser praticada por via energética), mas uma luta de motivos ideológicos vitais.

Por último, sobre a dialética.

Não é nossa intenção fazer uma abordagem demorada desta questão. É dialético todo o pensamento do homem, é dialético o psiquismo subjetivo do homem que acredita nos discursos interior e exterior, é dialético o mito, o delírio do louco. Ademais, é dialética toda tolice, é dialética a mentira; nos trilhos da dialética entram, além da vontade, a tagarelice ociosa e a bisbilhotice (lembremos a dialética da bisbilhotice em Gógol, que determina, no fundamental, a estrutura do seu estilo grotesco e hiperbólico). É dialética a alma de qualquer movimento, mesmo o movimento das ficções no cérebro ocioso do homem. O que há de surpreendente se o quadro da dinâmica ideológica cotidiana que Freud desenvolve vem a ser interiormente dialético? Mas será essa dialética a mesma dialética material da natureza e da história pesquisada pelo método dialético marxista?

É claro que não! Trata-se de uma dialética de certas forças materiais reais *ideologicamente refratada* e deformada, refletida na cabeça do homem. Mas são justamente essas forças materiais que Freud não revela: ele ignora o caráter ideológico e, consequentemente o secundário, a específica refrangibilidade e o que há de falso na sua "dinâmica psíquica", na dinâmica dos motivos e não das forças. Não se pode falar de nenhuma dialética materialista na doutrina de Freud uma vez que esta em nada vai além dos limites do psiquismo subjetivo.

A falha central do artigo de Bikhovski (e ele a divide com outras apologias do freudismo a serem examinadas) pode ser assim resumida: ausência de enfoque do próprio método psicanalítico como fato objetivo. É preciso tomar o próprio método durante o trabalho e elucidar o que ele faz e para onde vai e não citar declarações fortuitas do próprio Freud e seus partidários a respeito do método. Seria necessário pegar o método das livres associações e levantar uma questão direta: que papel cabe nesse método à introspecção e que papel cabe à observação objetiva? Dificilmente seria embaraçosa a resposta a uma pergunta levantada de forma tão direta e precisa. Mas nem Bikhovski, nem os outros apologistas do freudismo colocam uma questão tão direta diante do próprio método, preferindo, em vez disto, reunir citações e passagens de caráter declaratório.

Nesse ponto concluímos o exame do trabalho de Bikhovski. Sua tese da reprodução *inconsciente* do materialismo histórico pelo freudismo permaneceu infundada. Tudo indica que esse tipo de inconsciente não se presta a ser levado à consciência.

O PONTO DE VISTA DE A. R. LURIA

Passemos ao trabalho de A. R. Luria, *A Psicanálise como Sistema de Psicologia Monista*. Eis o seu ponto de vista sobre o freudismo:

> A psicanálise, ao transferir a doutrina dos fenômenos psíquicos para o plano inteiramente diverso da teoria dos processos orgânicos que ocorrem no organismo integral do homem, *rompe nitidamente com a metafísica e o idealismo da velha psicologia e lança (juntamente com a teoria das reações* e dos reflexos do*

* O termo "reação", empregado pelas diversas correntes da psicologia soviética, é sinônimo de resposta. (N. do T.)

homem) o fundamento sólido da psicologia do monismo materialista, que enfoca positivamente o psiquismo de um indivíduo isolado [...].

É precisamente por essa via que a psicanálise responde à primeira tarefa colocada diante da psicologia moderna pela maior filosofia da época – o materialismo dialético: oferecer um enfoque materialista do indivíduo integral e das forças motrizes do seu psiquismo [...].

A psicanálise deu uma grande contribuição para a solução desse problema, dando dois grandes passos um após outro: *confirmando a possibilidade de fusão de funções psíquicas particulares e introduzindo todo o psiquismo no sistema geral de órgãos e da sua atividade biologicamente condicionada* (p. 79-80).

O freudismo é a psicologia do indivíduo integral. Nessa afirmação está a ênfase de todo o trabalho de Luria.

Para o nosso autor, a falha principal da psicologia empírica está justamente na *atomística psíquica*, na incapacidade de enfocar um indivíduo integral. "Sem possibilidade de seguir o caminho da explicação científica dos fenômenos psíquicos – escreve ele –, a psicologia experimental enveredou pela via da decomposição de seu material em partículas- miúdas – os 'átomos' – e do estudo separado desses 'elementos' hipotéticos do psiquismo" (p. 53).

Segundo Luria, a psicanálise é uma resposta a esse problema: "Ao contrário da psicologia 'atomizante' dessa escola, a psicanálise começou imediatamente pelo problema do indivíduo: impôs-se a tarefa de estudar o *indivíduo na sua integridade* e os mecanismos que formam o seu comportamento" (p. 58).

Luria mostra que o estudo de um indivíduo integral é a reivindicação central também da metodologia marxista, que enfoca o indivíduo "como elemento inalienável e ativo da história".

É esse o ponto de vista de Luria.

Não podemos discordar de que o materialismo histórico efetivamente requer o estudo do indivíduo integral e fornece as bases metodológicas (e só ele as fornece) para esse estudo.

Sabemos, porém, que a ideia de "indivíduo integral" não é conquista apenas do marxismo; e dificilmente é próprio do marxismo dar destaque exclusivo ao "indivíduo integral" e colocá-lo em primeiro plano.

Sabemos que a ideia de indivíduo integral foi o ponto culminante do idealismo romântico – da filosofia da identidade de Schelling, da doutrina de Fichte – e foi, por último, o lema programático da escola romântica. Contudo, na história da filosofia, a ideia de indivíduo integral encontrou expressão mais consequente na monadologia de Leibniz. A mônada é fechada e se basta a si mesma e ao mesmo tempo reflete todo o universo, incorporando-o à sua unidade interior. É possível encontrar realização mais coerente da ideia de indivíduo integral? Além do mais, pode-se dizer que não há e nem houve uma concepção anti-histórica e antissocial do mundo que não tenha lançado ao primeiro plano precisamente a ideia de indivíduo integral.

Essa ideia é uma faca de dois gumes: seu enfoque requer uma cautela excepcional. O marxismo nunca falou de indivíduo integral e sequer de indivíduo sem ressalvas especiais e essenciais: ele emprega tais conceitos de modo sumamente *dialético*.

Aqui o perigo principal consiste em que o indivíduo integral costuma pagar o preço do *isolamento e da simplificação*. O indivíduo é definido em termos que o isolam do meio circundante e o fecham. O indivíduo acaba não sendo um elemento objetivo da história mas uma unidade subjetiva, um centro autossuficiente de vivenciamento do mundo. Evidentemente, esse "indivíduo integral" está bem mais distante do marxismo que a atomística psíquica da psicologia experimental.

Para o marxismo, a exigência de estudo do indivíduo integral não é, de maneira alguma, uma exigência independente especial como o é para o individualismo, o romantismo ou, por exemplo, para a moderna psicologia diferencial (estrutural – William Stern e sua escola); não, para o marxismo trata-se apenas de uma parte de sua reivindicação central de monismo dialético no estudo do indivíduo. Poderíamos desdobrar essa exigência metodológica central da seguinte maneira: não há no indivíduo elementos absolutamente isolados; tudo está interligado, tudo é apenas parte de uma totalidade, o próprio indivíduo não está isolado, mas é apenas uma parte do todo. Como não há elementos psíquicos isolados, também não há indivíduo isolado. São igualmente justas duas afirmações: o indivíduo é integral (em relação aos elementos isolados), o indivíduo não é integral (em relação ao ser ambiente do qual ele é elemento inseparável).

Mas esse monismo dialético só pode ser realizado sob uma condição: a do objetivismo genuíno no enfoque do indivíduo. O indivíduo deve ser entendido e definido nos mesmos termos que o mundo material circundante. Na fórmula marxista do indivíduo e de seu comportamento devem entrar as mesmas grandezas que entram nas fórmulas da realidade socialmente histórica e natural que o rodeia.

A psicologia freudiana do indivíduo integral atende a essa condição?

De maneira nenhuma.

A consciência serve à psicologia idealista, porém o inconsciente serve ainda mais e melhor a uma tendência: isolar e fechar o indivíduo, confinar a vida dele no círculo estreito e desesperador da auto-extinção psíquico-objetiva. Dota-se o indivíduo da sua própria história pequena, da sua natureza pequena, ele é dissolvido em vários personagens interiores (o "Ego", o "Ideal do Ego", o "Id") e se toma um cosmo autossuficiente.

Aqui nada pode mudar os argumentos de Luria, ou melhor, as citações de Freud e dos freudianos, que lhe abarrotam o artigo. Pode-se concordar com a recriminação que Luria faz à psicologia empírica: de atomística psíquica. Mas de que elementos Freud constrói o seu indivíduo integral? Dos mesmos "átomos" da psicologia empírica: representações, sentimentos, desejos. Em linhas gerais, o conceito de "inconsciente" *é* bem mais subjetivista que o conceito de "consciência" da psicologia empírica.

Será que o freudismo efetivamente introduz o psiquismo no sistema do organismo como o afirma Luria? Ou não será o contrário, isto é, que ele introduz o organismo físico no sistema do psíquico?

A segunda alternativa é, evidentemente, a verdadeira. O *organismo é um fenômeno secundário para a psicanálise.* É radicalmente incorreto apresentar a doutrina das zonas erógenas como teoria objetivamente fisiológica. Segundo essa teoria, é precisamente o corpo que se introduz no sistema psíquico do indivíduo e não o contrário: introduz-se, é claro, não como corpo externo objetivo mas como um vivenciamento do físico, como conjunto de pulsões interiores, desejos e representações, por assim dizer, um corpo de dentro para fora.

É inteiramente incorreta a tentativa de atribuir caráter objetivo ao conceito psicanalítico de "pulsão". "As pulsões - diz Luria - são para a psicanálise conceitos de ordem não puramente psicológica e sim coisa mais ampla - conceitos limítrofes entre o psíquico e o somático, conceitos biológicos".

É claro que nenhum biólogo irá concordar com definição tão estranha do biológico como fronteiriço entre o somático e o psíquico; nem o vitalista Driesch concordaria com isso. Evidentemente, não se pode falar de qualquer conceito fronteiriço entre o subjetivamente psíquico e o objetivamente material porque na experiência não existe uma abordagem capaz de nos revelar um híbrido tão singular. Trata-se de um conceito puramente metafísico, um dos conceitos-chave da metafísica espiritualista.

Assim, a fórmula psicanalítica do indivíduo integral não é integrada por nenhuma grandeza objetiva que permita incluir esse indivíduo na realidade material da natureza que o rodeia. A questão não melhora tampouco com a sua inserção no processo socioeconômico objetivo da história porque já sabemos que Freud extrai todas as formações objetivas históricas (a família, a tribo, o Estado, a igreja etc.) das mesmas raízes subjetivamente psíquicas, e o ser de tais formações se esgota no mesmo jogo de forças subjetivas interiores (o poder como Ideal do Ego; a solidariedade social como identificação mútua na comunidade do Ideal do Ego; o capitalismo como sublimação do erotismo anal etc.).

Fazendo um balanço, podemos dizer que o freudismo como psicologia do indivíduo integral nos oferece uma forma que isola e fecha esse indivíduo, uma fórmula do seu vivenciamento subjetivo do mundo e não do comportamento objetivo nesse mundo.

O PONTO DE VISTA DE B. D. FRIDMAN

Em B. D. Fridman, que agora passamos a examinar, o centro da gravidade é transferido a outros aspectos do freudismo: apresenta-se em primeiro plano *o problema da deformação das ideologias*.

O autor expõe da seguinte maneira o ponto de vista marxista sobre a formação das ideologias: "A ideologia é um sistema de falsas representações dos motivos ou fontes da atividade humana" (p. 145). Adiante, depois de citar Engels para confirmar seu raciocínio, ele prossegue:

> Uma vez que toda atividade se realiza por meio do pensamento, porque tudo o que motiva o homem para a atividade passa por sua cabeça, o pensamento é tomado como fonte da motivação. O erro da "ideologia" é admitir a independência do pensamento (da consciência) em relação aos outros fenômenos, que ela por isso investiga. Aqui, tudo consiste em que as verdadeiras forças motrizes, os motivos, continuam "ocultos à ideologia".

O autor afirma que o ponto de vista marxista sobre a formação das ideologias coincide com as concepções de Freud sobre o mesmo objeto.

> Do ponto de vista da doutrina de Freud – escreve ele –, o modo de originar-se uma "ideologia" se explica pelo mecanismo da racionalização a que está condicionado o processo de formação dos sistemas judicativos em geral. Quando descrevemos esse fenômeno, já apontamos que o seu objetivo *é proteger os verdadeiros motivos* de uma aspiração com motivos mais elevados, "ideais", que seriam primariamente oriundos da "consciência". O fato de as fontes reais de uma aspiração não serem percebidas pelo indivíduo deve-se *à ligação desse processo com o sistema* do "inconsciente". A condição de formação de um "sistema" ou racionalização é *a necessidade de evitar a censura*, certa tendência por parte do "consciente", porque surge a necessidade de justificá-las.

Contudo, compreendendo de forma idêntica o processo de formação das ideologias, o marxismo e o freudismo, segundo Fridman, estudam diferentes aspectos desse processo e por isto se intercompletam magnificamente: o marxismo estuda *as fontes* dos fenômenos ideológicos, o freudismo, *o modo, o mecanismo psíquico* de sua formação.

> O materialismo histórico considera a consciência "social" como produto e reflexo do curso da história, isto é, da luta de diferentes "desejos" (interesses) na sociedade. A doutrina de Freud oferece a explicação de como se realiza o processo de formação dos desejos e do reflexo da luta entre eles nas "cabeças" dos homens sob a influência de circunstâncias externas, (p. 152)

De fato, há uma tosca semelhança externa entre o marxismo e o freudismo na interpretação do mecanismo de formação das ideologias. Mas é uma semelhança de ordem especial: é assim que a paródia se parece com o original.

A ideologia é, efetivamente, uma superestrutura também para o freudismo: entretanto, o que constitui a base dessa superestrutura? O inconsciente, isto é, as pulsões subjetivas recalcadas, predominantemente as eróticas. É neste ponto que psicanálise corresponde à base marxista! Todo o edifício da cultura se erige, segundo Freud, sobre essa original base de pulsões recalcadas. Além disso, a própria base marxista – a economia – também é, para os freudianos, apenas uma superestrutura erigida sobre a mesma base subjetiva (por exemplo, a definição freudiana de capitalismo que nós citamos). A luta de classe, que produz a deformação das ideologias, corresponde, no freudismo, a luta da consciência com o inconsciente. Será que tudo isso não parece paródia?

A psicanálise mete à força o próprio mecanismo da formação das ideologias nos limites estreitos da psicologia subjetiva do indivíduo, ao passo que, para o marxismo, esse mecanismo é social e objetivo: ele pressupõe a interação dos indivíduos no interior do grupo economicamente organizado. Por isso, nem a fisiologia, nem a psicologia podem revelar esse complexo processo de formação das ideologias, e isto está menos ainda ao alcance de uma psicologia subjetiva. Já afirmamos que nem a mais simples enunciação verbalizada do homem (sua reação verbal) se enquadra nos limites de um organismo individual.

Para o marxismo, de modo algum a psicologia subjetiva é o fator que deforma a ideologia; do ponto de vista correto do marxismo, não só a consciência é ideológica em suas manifestações superiores, mas também o é todo o subjetivo-psíquico, tudo o que se apresenta ao homem nas formas da sua própria experiência interior. Os fatores que deformam a ideologia têm caráter social, de classe, e não caráter individualmente psicológico. As molas ocultas da ideologia se encontram, evidentemente, fora da consciência do ideólogo, mas de modo algum em seu inconsciente.

O próprio espírito da doutrina freudiana das ideologias é profundamente hostil ao marxismo. Penetra no freudismo a ênfase tipicamente pequeno-burguesa e verborrágica do desmascaramento do "elevado" e do "ideal" por meio de sua redução ao sórdido, ao "animal". É peculiar no freudismo o fato de que o sórdido princípio animal é representado pelo onipotente mundo extraespacial e extratemporal do inconsciente, isto é, de modo puramente *espiritualista*. Aliás, o freudismo não está sozinho nesse campo: o *niilismo espiritualista* (ou cinismo espiritualista) é um fenômeno característico da atualidade burguesa. Certa dose de niilismo é própria da doutrina espiritualista do *élan vital* de Bergson, hostil à razão e às formas culturais, e é própria também do seu instinto laudatório. Foi justamente esse espírito niilista desmascarador, de base espiritualista, que gerou o sucesso do freudismo nos círculos pequeno-burgueses.

Uma distância entre o céu e a terra separa esse niilismo espiritualista da compreensão marxista da fórmula: "o ser determina a consciência".

O mecanismo freudista de formação das ideologias (como se sabe, para Freud, o mesmo mecanismo serve à formação dos sonhos e dos sintomas neuróticos) é subjetivista, individualista e espiritualista. É o mecanismo da erradicação isolada, autossuficiente e subjetiva da vida e nunca um mecanismo objetivo e socioeconômico de luta de classe que, segundo a doutrina marxista, determina a refração ideológica do ser pela consciência.

Não resiste à crítica a tese do autor segundo a qual o ser, para determinar a consciência, necessita dos mecanismos freudianos.

O FREUDISMO REFLEXOLOGIZADO DE A. B. ZALKIND

Resta examinar a posição de A. B. Zalkind. Seu ponto de vista, que se resume numa tentativa de interpretar o freudismo por via reflexológica, é bastante típico. Para o marxismo, o valor científico da reflexologia se afigura indiscutível, mas muita gente acha que ela deve servir de pedra de toque para experimentar o valor marxista de qualquer teoria psicológica.

Aqui cabem algumas palavras sobre a reflexologia. Evidentemente, não é o caso de questionar o imenso valor científico do método reflexológico. Contudo, o campo de aplicação desse método nem de longe é tão amplo como alguns de seus adeptos gostariam: ele é um dos métodos fisiológicos, é só uma das ramificações do método fisiológico único. *Os conceitos centrais do método reflexológico determinam a metodologia experimental concreta*, e nisso estão o seu significado e o seu valor; fora das condições dessa metodologia experimental escrupulosa, infinitamente lenta, mas correta, o método reflexológico se *torna fraseologia reflexológica* vazia. Aplicar o método reflexológico significa fazer uma nova experiência, e isso requer um enorme volume de trabalho e tempo. O método se move a passos de tartaruga, mas em compensação esses passos são seguros. Entretanto, quando os conceitos centrais da reflexologia (reflexo condicionado, inibição etc.) deixam de organizar a experiência e começam a organizar quase uma visão de mundo, quando são transferidos com leviandade puramente especulativa para campos que não se prestam a nenhuma elaboração experimental em laboratório, eles perdem todo e qualquer valor científico e essa reflexologia nada tem a ver com o marxismo.

Isolado da metodologia experimental concreta, o dispositivo de conceitos reflexológicos se transforma em um esquema vazio que nada sugere e pode ser aplicado literalmente a qualquer coisa. Por que não, por exemplo, interpretar por via reflexológica a doutrina de Kant: os *a priori* kantianos são uma indiscutível reserva de reflexos, enquanto os *a posteriori* são reflexos condicionados etc. E Kant estaria justificado por via reflexológica. O absurdo de semelhante fantasia é claro para qualquer um. Mas não pensamos que a tradução para a linguagem da reflexologia e de alguma teoria puramente psicológica seja trabalho mais produtivo e nobre.

Mas voltemos a Zalkind. De que modo ele faz a "reflexologização" do freudismo? O que resta do freudismo "reflexologizado"? O que resta do freudismo, o que resta da reflexologia como resultado da fusão dessas duas teorias situadas em polos opostos da metodologia?

Antes de mais nada, Zalkind rejeita a teoria sexual de Freud.

> A maioria (escreve A. Zalkind, subentendendo por maioria o amplo público) está profundamente convencida de que a teoria sexual é a "alma", o centro de atração do freudismo, e que um tratamento crítico dessa teoria mata o freudismo na raiz [...] Em realidade, nem de longe está na teoria da pulsão sexual o verdadeiro centro daquele freudismo que neste momento está abalando toda a fisionomia do psiquismo (O *Freudismo e o Marxismo*, p. 165.).

Devemos observar, antes de mais nada, que pertencem a essa maioria o próprio Freud e todos os freudianos ortodoxos e consequentes. Sem sua "alma" sexual o freudismo já não é freudismo.

Em outra passagem, Zalkind oblitera do freudismo o subjetivismo e a metafísica com o auxílio do método reflexológico (em sua aplicação fraseológica, não na experimental).

"O método reflexológico nos salva. Seu objetivismo puro e seu monismo biológico destroem as matas metafísicas em torno do edifício da doutrina freudista e desvelam a firme essência materialista do freudismo real, não deturpado."

Eis como Zalkind traduz para a linguagem reflexológica o princípio freudiano do prazer:

> Deve-se entender por princípio do prazer a parte do acervo fisiológico que está relacionada com a mínima perda de energia pelo organismo, aquela parte que é acumulada e revelada pela linha da menor resistência interior. Noutros termos, trata-se de diretrizes inatas e herdadas do organismo (os reflexos incondicionados) e daquelas camadas da sua experiência adquirida e pessoal que medraram imediatamente e, antes de tudo, dos reflexos incondicionados, requerendo, para tanto, o mínimo de dispêndio de sua força. Assim são as habilidades tenras e facilmente formuladas da infância ("infantis", segundo Freud), que costumam desenvolver-se com a ampla colaboração dos adultos (pais, irmãos etc.) que rodeiam a criança, sem dispêndios excessivos do organismo com a concentração (o reflexo da concentração), a orientação (o reflexo de orientação) etc. (p. 171).

De maneira análoga, reflexologiza-se o mecanismo do *recalque*. É claro que ele não vem a ser outra coisa senão uma *inibição*.

O conceito central dos psicanalistas, em que se baseiam todas as suas construções subsequentes – o conceito de "recalque" – é reflexológico. Na linguagem dos reflexos ele se chama *inibição*. A vida refletora do organismo consiste na revelação ou criação de uns reflexos e na inibição (recalque, inibição) ou extinção de outros. Os reflexos, se é lícita essa expressão, concorrem entre si, e uns deles (ou um grupo deles) vencem à custa da inibição dos outros, sendo que a vitória está condicionada à acumulação da maior tensão fisiológica (foco da excitação optimal segundo Pávlov) nas proximidades dos primeiros; evidentemente, não vence o reflexo mais racional. Que racionalidade pode haver no reflexo alimentar de um cão preso a um absurdo sinal sonoro? Em todo caso, porém, um deles vence, revela-se atual, à frente e outros acabam sendo bloqueados, inibidos. É justamente disto que falam os psicanalistas. Quando enfraquece a influência inibitória daqueles estímulos que recalcaram o reflexo, sob a influência de um ou outro estímulo novo o reflexo inibido ou recalcado pode reaparecer, pode "irromper". Isto mostra o quanto ele permanece em estado potencial, inibido, na sombra do campo atual, refletor ou, para usar a velha linguagem subjetivista, na sombra da consciência, no subconsciente. Portanto, nos psicanalistas encontramos os conceitos, por enquanto, exclusivamente no corte da doutrina dos reflexos condicionados" (A. B. Zalkind, *Vida do Organismo e Sugestão*, ed. GIZ, 1927, p. 58).

O mecanismo do sonho e da sugestão, complexo em Freud (que dedica algumas centenas de páginas à sua análise), reflexologizado se revela tão simples que Zalkind o expõe literalmente em três linhas. A análise dos mecanismos dos sonhos e dos elementos da sugestão recebe o mesmo enfoque reflexológico:

"Essa paz externa é por si mesma um estímulo de ordem inibitória no sonho, quando cessa a ação dos estímulos externos que, como vimos, com excessiva frequência têm valor inibitório" (artigo publicado no *Terra Virgem Vermelha*, 1924, 4, p. 175).

Depois da reflexologização dos mecanismos centrais do freudismo, o conceito de inconsciente – central em psicanálise – acaba, é claro, totalmente descartável.

Portanto, acabam sendo infundadas as afirmações de Freud segundo as quais o ser do subconsciente é autônomo. Este é isolado de toda e qualquer reserva de reflexos, um subconsciente de qualidade especial está subordinado a leis [...] O subconsciente dos psicanalistas da nossa corrente é uma parte provisoriamente inibida da reserva global de reflexos, e só. Não há o mínimo desvio da doutrina reflexológica (*Vida do Organismo...*, p. 59).

Depois de reflexologizar o freudismo, Zalkind apela para o modo aritmético de verificação em ordem inversa: freudianiza a reflexologia (aplicado ao cão, o mecanismo freudiano parece bastante original).

Neste sentido, são sumamente interessantes as experiências do laboratório de Pávlov com cães (é claro que sem quaisquer intenções de interpretação freudiana por parte dos experimentadores): através de uma série de estímulos (luminosos, sonoros ou dolorosos) demorados e organizados com persistência, o cão perde a capacidade de reagir – através do seu habitual reflexo de agarrar, do reflexo salivar e outros reflexos – a um pó com cheiro de carne que lhe oferecem, independentemente da duração do período anterior em que permaneceu faminto, se a demonstração do pó não é acompanhada dos respectivos "sinais" convencionados (som, luz etc.). A princípio ocorre, é claro, uma persistente inibição em direção a esse novo estímulo ("protesto do princípio do prazer"): o cão se precipita para o pó, segrega saliva etc., mas não lhe dão a comida sem as respectivas sinalizações prévias ("princípio de realidade"). Sem receber "permissão", sem o sinal convencionado, ele simplesmente não esta bioquimicamente "em condição" de comer (não há saliva e nem os demais sucos), não tem "apetite", "não quer" comer (*Terra Virgem Vermelha*, p. 173).

Agora se pergunta: o que restou do freudismo depois das operações de Zalkind?

Um freudismo sem a categoria de inconsciente, sem a sexologia, sem a teoria das pulsões e, consequentemente, sem o conteúdo do inconsciente: sem o complexo de Édipo, sem o complexo de castração, sem a interpretação dos sonhos, sem o Ego e o Id ou, numa palavra, o freudismo sem freudismo? É esse o resultado da reflexologização.

O que restou do método reflexológico?

Três conceitos que nada sugerem: reflexo incondicionado – reflexo condicionado – inibição, isto é, resta uma reflexológica *façon de parler**, mas nada de reflexologia.

Então nem freudismo, nem reflexologia!

A falha principal na posição de Zalkind é a seguinte: não se pode reflexologizar outra teoria (como em geral não se pode traduzir uma teoria para a linguagem de outra). Pode-se aplicar o método reflexológico não a outra teoria, mas ao fato, ao fenômeno material: aplicá-lo ao fato significa subordinar o estudo desse fato a uma determinada metodologia experimental.

Mas será que os fatos do comportamento humano, a respeito dos quais Freud teoriza, prestam-se ao método reflexológico?

Não, não se prestam. Enquanto método puramente fisiológico, o reflexológico pode abranger apenas um componente abstratamente discriminado do comportamento humano, mas, no conjunto, esse comportamento não pode ser entendido pelo método reflexológico: porque o comportamento não é um mero fato fisiológico. Já tivemos oportunidade de nos referir a isso em outra passagem (vejam-se os capítulos 8 e 9). Aqueles conflitos do comportamento humano a que se referiu Freud não são fatos biológicos, mas fatos objetivamente sociológicos ideologicamente refratados. Por isso, achamos profundamente falsa a convicção teórica central de Zalkind, segundo a qual "o psiquismo do homem é um reflexo biológico do seu ser social" (cf. *Terra Virgem Vermelha*, p. 163). Todo o aspecto subjetivo do psiquismo, precisamente aquele com que Freud opera, é um reflexo *ideológico* do ser social. A própria combinação das palavras "reflexo biológico"

* Em francês, no original russo. (N. do T.)

se nos afigura profundamente absurda em termos filosóficos. Parece-nos radicalmente equivocada a ideia central do último livro de Zalkind, que se resume na tentativa de interpretar o fator psicológico na vida do organismo como um conjunto de reflexos condicionados[2]. A consciência e o fator psíquico devem ser entendidos em sua *originalidade qualitativa* e não reduzidos a reflexos condicionados. O mecanismo do reflexo condicionado se desenvolve nos limites de um *organismo individual*, entendido em termos puramente biológicos, e do meio *físico* puro. Aplicado ao homem, esse mecanismo é uma abstração. O psiquismo se funda sobre *formações socioeconômicas* complexas, e o próprio psiquismo necessita de material *ideológico* específico: o material da palavra, do gesto sonoro etc.

Só nesse material, o subjetivamente psíquico é dado como fato objetivo. Nada disso foi levado em conta por Zalkind.

Nos limites deste livro, evidentemente não podemos desenvolver uma análise crítica mais detalhada da teoria do "fator psíquico" de Zalkind, assim como não podemos nos deter na fundamentação mais minuciosa do nosso ponto de vista sobre o psiquismo. Isto é assunto para outro estudo. Esperamos ter mostrado de modo suficiente a inconsistência da apologia do freudismo feita por Zalkind.

CONCLUSÕES

Resta o balanço final.

A psicanálise é uma doutrina organicamente una, ampla, pensada a seu modo em profundidade e ligada de modo indissolúvel às premissas básicas da consciência de classe da burguesia europeia atual. É sangue do próprio sangue da ideologia burguesa em decomposição; vimos que faz parte do curso central do pensamento europeu da atualidade. Os apologistas marxistas do freudismo, ao resolverem sua tarefa irremediável de unir o impossível, são forçados a romper essa unidade orgânica (ainda que seja de um organismo doente), a extrair dali alguns elementos e motivos que, fora da totalidade, modificam ou perdem o seu sentido. Uns, como vimos, evitando analisar objetivamente o próprio método, selecionam alguns pronunciamentos declaratórios dos freudianos; outros se agarram às toscas semelhanças externas entre elementos isolados da teoria freudiana e do marxismo; terceiros, como Zalkind, substituem o freudismo por uma reflexologia estreita.

Uma serena análise objetiva de todos os aspectos do freudismo dificilmente levantaria quaisquer dúvidas quanto à justeza da nossa apreciação marxista dessa doutrina.

2. Cf. o capítulo "O Fato Psicológico à Luz da Teoria dos Reflexos", em Zalkind, *Vida do Organismo...*, p. 48-72.

PSICANÁLISE E PSICOLOGIA NA PERSPECTIVA

Distúrbios Emocionais e Antissemitismo – N. W. Ackerman e M. Jahoda (D010)
LSD – John Cashman (D023)
Psiquiatria e Antipsiquiatria – David Cooper (D076)
Manicômios, Prisões e Conventos – Erving Goffman (D091)
Psicanalisar – Serge Leclaire (D125)
Escritos – Jacques Lacan (D132)
Lacan: Operadores da Leitura – Américo Vallejo e Ligia C. Magalhães (D169)
A Criança e a Febem – Marlene Guirado (D172)
O Pensamento Psicológico – Anatol Rosenfeld (D184)
Comportamento – Donald Broadbent (E007)
A Inteligência Humana – H. J. Butcher (E010)
Estampagem e Aprendizagem Inicial –W. Sluckin (E017)
Percepção e Experiência – M. D. Vernon (E028)
A Estrutura da Teoria Psicanalítica – David Rapaport (E075)
Freud: A Trama dos Conceitos – Renato Mezan (E081)
O Livro dIsso – Georg Groddeck (E083)
Melanie Klein I – Jean-Michel Petot (E095)
Melanie Klein II – Jean-Michel Petot (E096)
O Homem e seu Isso – Georg Groddeck (E099)
Um Outro Mundo: A Infância – Marie-José Chombart de Lauwe (E105)
A Imagem Inconsciente do Corpo – Françoise Dolto (E109)
A Revolução Psicanalítica – Marthe Robert (E116)
Estudos Psicanalíticos sobre Psicossomática – Georg Groddeck (E120)
Psicanálise, Estética e Ética do Desejo – Maria Inês França (E153)
O *Freudismo* – Mikhail Bakhtin (E169)
Psicanálise em Nova Chave – Isaias Melsohn (E174)
Freud e Édipo – Peter L. Rudnytsky (E178)
Os Símbolos do Centro – Raïssa Cavalcanti (E251)
Violência ou Diálogo? – Sverre Varvin e Vamik D. Volkan (orgs.) (E255)
Cartas a uma Jovem Psicanalista – Heitor O'Dwyer de Macedo (E285)
Holocausto: Vivência e Retransmissão – Sofia Débora Levy (E317)
Os Ensinamentos da Loucura – Heitor O´Dwyer de Macedo (E326)
O Terceiro Tempo do Trauma – Eugênio Canesin Dal Molin (E346)
A "Batedora" de Lacan – Maria Pierrakos (EL56)
Memória e Cinzas: Vozes do Silêncio – Edelyn Schweidson (PERS)
Acorde: Estratégias e Reflexões para Atualizar Habilidades de Relacionamento em Tempo de Inovações – Abel Guedes (LSC)
A Grande Mentira – José María Martínez Selva (LSC)

COLEÇÃO ESTUDOS
(últimos lançamentos)

3324. *Revolução Holandesa, A Origens e Projeção Oceânica,* Roberto Chacon de Albuquerque
325. *Psicanálise e Teoria Literária: O Tempo Lógico e as Rodas da Escritura e da Leitura,* Philippe Willemart
326. *Os Ensinamentos da Loucura: A Clínica de Dostoiévski,* Heitor O'Dwyer de Macedo
327. *A Mais Alemã das Artes,* Pamela Potter
328. *A Pessoa Humana e Singularidade em Edith Stein,* Francesco Allieri
329. *A Dança do Agit-Prop,* Eugenia Casini Ropa
330. *Luxo & Design,* Giovanni Cutolo
331. *Arte e Política no Brasil,* André Egg, Artur Freitas e Rosane Kaminski (orgs.)
332. *Teatro Hip-Hop,* Roberta Estrela D'Alva
333. *O Soldado Nu: Raízes da Dança Butō,* Éden Peretta
334. *Ética, Responsabilidade e Juízo em Hannah Arendt,* Bethania Assy
335. *Alegoria em Jogo: A Encenação Como Prática Pedagógica,* Joaquim Gama
336. *Jorge Andrade: Um Dramaturgo no Espaço Tempo,* Carlos Antônio Rahal
337. *Nova Economia Política dos Serviços,* Anita Kon
338. *Arqueologia da Política,* Paulo Butti de Lima
339. *Campo Feito de Sonhos,* Sônia Machado de Azevedo
340. *A Presença de Duns Escoto no Pensamento de Edith Stein: A Questão da Individualidade,* Francesco Alfieri
341. *Os Miseráveis Entram em Cena: Brasil, 1950-1970,* Marina de Oliveira
342. *Antígona, Intriga e Enigma,* Kathrin H. Rosenfield
343. *Teatro: A Redescoberta do Estilo e Outros Escritos,* Michel Saint-Denis
344. *Isto Não É um Ator,* Melissa Ferreira
345. *Música Errante,* Rogério Costa
346. *O Terceiro Tempo do Trauma,* Eugênio Canesin Dal Molin
347. *Machado e Shakespeare: Intertextualidade,* Adriana da Costa Teles
348. *A Poética do Drama Moderno,* Jean-Pierre Sarrazac
349. *A Escola Francesa de Goegrafia,* Vincent Beurdoulay
350. *Educação, uma Herança Sem Testamento,* José Sérgio Fonseca de Carvalho
351. *Autoescrituras Performativas,* Janaina Fontes Leite
353. *As Paixões na Narrativa,* Hermes Leal
354. *A Disposição Para o Assombro,* Leopold Nosek

Este livro foi impresso na cidade de Cotia,
nas oficinas da Meta Brasil,
para a Editora Perspectiva.